丛书编委会

总　策　划：来新国　王文成

编委会主任：郭齐勇　周晓亮

编　　　委：来新国　陈知涯　张　彧　尹格韬　沈　众

王文成　孟淑贤　周长志　罗养毅　秦　丹

乌　琛

卡斯泰

李革 著

大家精要

陕西师范大学出版总社

Castex

图书代号 SK16N1039

图书在版编目（CIP）数据

卡斯泰 / 李革著. —西安：陕西师范大学出版总社
有限公司，2017.1（2024.1重印）
（大家精要）
ISBN 978-7-5613-8711-5

Ⅰ.①卡…　Ⅱ.①李…　Ⅲ.①卡斯泰—传记
Ⅳ.①K835.655.2

中国版本图书馆CIP数据核字（2016）第271390号

卡斯泰　　KASITAI

李　革　著

责任编辑	王西莹　彭　燕
责任校对	王淑燕
特约编辑	宋亚杰
封面设计	张潇伊
出版发行	陕西师范大学出版总社
	（西安市长安南路199号　邮编 710062）
网　　址	http://www.snupg.com
印　　制	永清县晔盛亚胶印有限公司
开　　本	650 mm×930 mm　1/16
印　　张	10
字　　数	100千
版　　次	2017年1月第1版
印　　次	2024年1月第2次印刷
书　　号	ISBN 978-7-5613-8711-5
定　　价	45.00元

目　录

序　言

　　海军上将拉乌尔·维克托·帕特里斯·卡斯泰（1878~
1968），是法国海军伟大的战略家、历史学家和理论家。卡斯
泰的一生，如同克劳塞维茨一样，既荣耀辉煌又令人惋惜。辉
煌之处在于他由一名默默无闻的低级军官通过自己的努力最终
到达其职业生涯的顶峰，在法国海军中曾位居高职，平生共完
成 18 部著作，发表 300 余篇文章，其海军思想甚至影响了几代
法国海军军官。他的著名著作《战略理论》一书被翻译成英
文、德文、意大利文、西班牙文、日文及中文，纵观法国海军
史，取得如此成就的海军人物也只有卡斯泰一人。

　　然而，令人遗憾的是，无论是战争期间还是非战争期间，
卡斯泰很少担任重要的领导职务，这使他无法亲自实现自己的
抱负，虽然历经两次世界大战，却鲜有战绩。20 世纪的两次世
界大战是人类史上的两次浩劫，但从纯军事角度来说，它们又
促进了人类军事活动的空前大发展。战争催生出无数著名军事
将领与人物，而其中，却难觅卡斯泰的身影，他被认为是一个
柏拉图式的只有纯粹理论知识的人。我们无法想象让满腹经纶
的卡斯泰来指挥对德军作战会对法国及"二战"产生怎样的结
果与影响，他一开始就被排斥在了战争之外，而法国海军一开

始就注定了失败的命运。可以说，卡斯泰的不幸也反映了法国海军悲哀之所在。

卡斯泰的理论著作同样遭遇了双重待遇，一方面，每一部著作的问世都得到了广泛认可，尤其是《战略理论》一书，被认为是战略思想的一座里程碑，罗辛斯基曾指出："卡斯泰之后，海军理论界就没再产生过新的战略理论家，后续所谓的战略学家不过是历史研究者或理论分析者。"另一方面，对卡斯泰理论的研究却又后继无人，人们研究的焦点是马汉、科贝特。虽然《战略理论》一书在欧洲大陆举足轻重，但却不存在所谓的卡斯泰学说或卡斯泰主义，时至今日，这种现象仍旧如此。卡斯泰如同一颗划过夜空的流星，留给人们闪亮光芒的同时，却又难以追寻他的轨迹。

卡斯泰不被世人所了解的一个重要原因是，他留给后人的只有理论著作，没有回忆录，没有传记，保存下来的为数不多的私人日记中也几乎从不涉及个人生活。仅有的一点个人资料显示出他是个十分刻板的人，终身未婚，将全部精力都放在了工作与研究上。他的个人生活极其简朴，很少花钱，没什么高档衣服，对食物也从不讲究。他对下属要求极为严厉甚至是专制，不知道如何处理人际关系，从不掩饰对达尔朗上将的不满，其不计后果有话直说的性格让他在军中几乎毫无人缘。在理论界，卡斯泰享有很高的声望，但对他的领导能力，人们却知之不多。海军司令维埃尔上将尽管对他欣赏有加，但似乎并没有打算让其接任自己的职位，卡斯泰只能"被动地接受这一切，忍受着他人对自己命运的安排"。

卡斯泰只有在从事理论研究时才会神采飞扬，他也自认为是个"理论空谈家"。不可否认，卡斯泰的确有过度沉迷于理论研究的倾向，但与马汉出于逃避战场而转向理论研究的动机不同，卡斯泰从不曾想要利用他的研究工作来躲避自身的军官职责。事实上，他的上司对他的评价始终是肯定的，"独一无二""精英"是他经常获得的称赞，这些赞扬几乎来自他所经历过的各个职位。

1890 年到 1914 年，是西方列强瓜分世界、大力推行海外殖民政策的黄金时期，同时，也是海军战略理论出现的一个高峰期，各种战略理论层出不穷，各种扩张实践让列强们纷争不断。生于军人之家、18 岁考入军校、两年后以第一名成绩毕业的卡斯泰，此时已逐渐形成了自己的世界观，他接受马汉的思想理论。但与马汉不同的是，他首先从地缘政治的角度来阐述战略问题。最初的任职经历使他有机会详细考察了亚洲尤其是印度支那地区人文及海洋地理环境。1904 年，26 岁的卡斯泰连续出版了两部著作：《印度支那沿岸——经济与海洋研究》和《危险的日本人与印度支那——政治与军事的思考》。早期的这些著作还谈不上是海军战略，但从中却可以清晰地看到他独特的地缘政治观。

第一次世界大战结束后，法国海军成立了海军历史研究部，卡斯泰先是被任命为该部门领导，之后被调至海军战争学校出任教授。1921 年，海军高级研究中心成立，他又承担了其中的部分教学任务。也正是在这一段时期，相继发表的理论著作为他带来了巨大的声誉。1920 年他完成了《潜艇战之总结》一书的撰写，对潜艇这一新型作战武器平台的地位、应用进行了全面的分析，并指出，（法国）发展潜艇可以有效地打破英国战列舰的统治地位。他的这些观点间接导致了 1921 年"华盛顿限制军备会议"上英法两国就潜艇建造数量问题的激烈对抗，英国海军大臣李勋爵（Lord Lee）指责卡斯泰是在蓄意鼓动法国人用潜艇给英国人制造麻烦，原本军备会议激辩的话题，此时成了卡斯泰与李勋爵两人间的争论，事件几乎引发英、法之间出现一场外交冲突。限制军备会议结束后，卡斯泰的名声第一次出现在了国际舞台上。

1935 年《战略理论》一书出版，然而这部巨著的问世可谓生不逢时。这一时期，人们不再思考战争本身的问题，更多的是思考如何进行战争的问题。柯隆布、马汉的理论出现在一个相对和平时期，人们有足够的时间去思考这些理论所带来的影响。更重要的是，马汉理论产生在欧美国家由资本主义向帝国主义过渡时期。完成产业革命的欧美列强认识到，单纯的陆地战争已经不能为其带来更多的利益。拿破仑尽管称霸欧洲，但最终无法摆脱惨败的命运。海洋这一处女地成为新的争霸战场，技术的进步使得海洋不再是不可逾越的鸿沟，广袤的海洋已经与国家利益密不可分。到了 20 世纪 30 年代，军事战略理论进入一个相对平静时期，同时，国家利益之间的争端日趋尖锐。这时候，有比纯军事理论更为重要的事情要做，战争使卡斯泰的理论著作遭遇冷落。

翻开卡斯泰的历程，不难看出，大部分时间卡斯泰从事的是院校教育工作，其理论著作与他的职业生涯可谓紧密相连。最初，卡斯泰主要致力于参谋军官的在职培训，1932 年他被任命为海军战争学校的校长并担任海军高级研究中心主任；1934 年 11 月，他被提升为海军少将后，于次年 7 月，担任布雷斯特海军军区司令，但很快，1936 年 9 月，又重新回到海军战争学校任校长；第二年 5 月，卡斯泰被任命为海军高级委员会正式成员，并晋升为海军上将，负责海军监察工作。为研究军事战略问题，培养陆、海、空三军高级军官，1936 年他受命创建高级国防学院并担任首任院长。第二次世界大战爆发前，卡斯泰的军衔资历已使他成为法国海军的第二号人物，但却不属于实权派。1939 年，战争的爆发使他终于有机会到战场上施展手脚。由于与海军司令达尔朗关系不和，大权独揽的达尔朗利用个人影响力，削减了卡斯泰的指挥范围，他只得到了拉芒什海峡战区指挥官一职，司令部设在敦刻尔克。刚一到任，卡斯泰上将立即就发现了法军阵地部署的致命缺陷。他认为，法军的兵力部署不足以抵挡德军的进攻，以当时的情况来看，法军必败无疑。于是，他决定重新部署兵力，加强战区内防御，欲将敦刻尔克变为一个坚固的作战堡垒。与卡斯泰做法截然不同的是，法国军方高层认为法军的防御已十分完善，卡斯泰完全是多此一举，是毫无自信心的表现。结果，上任不到三个月，还没来得及施展手脚就被解职了。无奈的卡斯泰只好最终选择退役，其整个职业生涯也随之而黯然神伤地结束了。

对于卡斯泰本人来说，其一生的最大遗憾就是不曾指挥过一场战役，"军人的最高荣誉来自于作战行动，理论思考只是这种行为的补充"。这是一个崇高的目标，自踏入军营的那一天起，卡斯泰就一直未曾放弃对这一目标的追求。如果有更多的权力，他完全可以按照自己的方式、自己的理论来指挥一场战役，但他从未有过这种机会。

退役后的卡斯泰回到了上加龙省的维尔纳弗河畔老家，没有参加任何社会活动，唯一能做的事就是待在家里，对战事的发展保持着一定的关注。他拒不承认维希政府，不接受政府的一切邀请，直到1947年，才重新回到巴黎，定期到战争学校及高级国防研究院作学术报告。1968年1月10日，90岁的卡斯泰静静地合上了双眼。至今，法国还没有任何舰艇以他的名字来命名。

第1章

家庭背景与成长历程

卡斯泰出生于军人之家，童年生活在军营之中。与大多数军官相比，他的家庭背景多少算是有些简单。从童年到少年再到青年，卡斯泰很少接触上流社会的达官显贵，相对狭小的生活空间里，大多数时候，他都是一个人在观察着周围的一切，这让他很早就学会了独立思考问题。他是众多成名军官中为数不多的成绩优异者。

并不显赫的家世

18 世纪末的法国，大革命的浪潮席卷全国，整个世界都感受到它所散发出来的能量。在那个动荡的年代，法国南部上加龙省维尔纳弗河畔一个相对平静的小村庄里，生活着卡斯泰的曾祖父皮埃尔·卡斯泰一家，他们在自己的农场中辛勤地耕作着。皮埃尔·卡斯泰夫妇都是目不识丁的农民，养育着十个孩子，随着孩子们年龄的增大，仅靠农场的劳作已无法维持家庭的生计，于是，孩子们纷纷离开农场去开创自己的生活。这些孩子中，只有卡斯泰的祖父让·帕特里斯·卡斯泰选择了从军这条道路。

1805 年 12 月 21 日，让·帕特里斯·卡斯泰出生了。或许出生前 20 天的那场著名的奥斯特里茨战役让小家伙刚一来到这个世界就感受到了战争为法国带来的震撼，或许在他 10 岁那年，法兰西第一帝国的覆灭又让他体会到了军队的含义，或许是别的什么原因，总之，1827 年 1 月，刚刚过完 21 岁生日的让·帕特里斯·卡斯泰，一位农民的儿子，决定告别父辈们单调的生活方式，去追逐更富激情的戎马生涯。这个决定改变了他自己的命运，也为后来卡斯泰的发展奠定了一定的基础。

经历过大革命洗礼的法国，民族主义与自由主义思想已深入人心，七月革命所制定的宪法使得平民也能够部分地获得过去只有贵族们才享有的权利。1841 年，让·帕特里斯·卡斯泰由于表现英勇，被提升为军官，卡斯泰家族第一次有了一位出人头地的人物。尽管职务不高，但比起他的兄弟们来说，让·帕特里斯·卡斯泰也算是风光无限了。不久，他与一位名叫玖兰妮·卡特琳的女子结婚，并生育了两个儿子，老大亨利·让·亚历山大不幸幼年夭折，老二亨利·查理生于 1848 年 12 月 19 日。由于出身低微，让·帕特里斯·卡斯泰的军衔提升一直十分缓慢，1857 年 11 月，他以上尉军衔退役并获得一枚荣誉军团骑士勋章。从一名农民到一名职业军官并光荣退役，让·帕特里斯·卡斯泰的经历不仅对他唯一的儿子亨利·查理产生了影响，也使得查理最终走上了职业军人的道路。

1867 年，19 岁的亨利·查理考入了法国著名军校——圣西尔陆军军官学校，两年后以令人十分满意的成绩毕业（259 名学生中名列第 55）。这时的法国正处在拿破仑三世统治下的第二帝国时期，独裁、狂妄的拿破仑三世总希望通过战争称霸欧洲；而此时的德国却正处于铁血宰相俾斯麦的治理之下，希望建立一个统一的德意志国家的俾斯麦，处心积虑要与法国决一雌雄。

1870 年 7 月 19 日，普法战争爆发，作为圣奥梅尔地区法军第一野战步兵营的少尉军官，亨利·查理理所当然地参加了这场战争。然而，由于拿破仑三世的狂妄和对军事态势的分析不足使得法军节节溃败。1870 年 8 月 30 日，拿破仑三世率 12 万大军退守色当。9 月 1 日色当战役打响，普军 700 门大炮猛轰法军营地，炮弹像雨点一样落在法军阵地上。色当全城一片火海，硝烟弥漫，法军死伤无数。幸运的是亨利·查理毫发无损地躲过了枪林弹雨，不幸的是他与拿破仑三世一起成了德国人的俘虏。

　　战争的经历使得亨利·查理有了更多的升迁机会，1874年，亨利·查理升为上尉，不久又升至少校，并担任爱丽舍宫卫队长。这之后，亨利·查理似乎仕途平坦，官职不断得到提升，1904 年 1 月成为法国战争部步兵总监，少将军衔。然而，1905 年 7 月，一场突如其来的大病终止了他的职业生涯，7 月 20 日，亨利·查理病逝于老家。

　　还是在驻守圣奥梅尔时期，亨利·查理与一位当地的姑娘相识并结婚。1878 年 10 月 27 日，对亨利·查理夫妇来说是个不寻常的日子，那天上午 10 点钟，他们的第一个孩子，拉乌尔·卡斯泰（Raoul Castex）出生了。卡斯泰的出生为亨利·查理夫妇带来了欢乐，也彻底清除了因色当战役失利而留在亨利·查理心中的最后一丝阴影，新的希望正在诞生。

从"骗子"到优秀毕业生

　　卡斯泰的童年是在圣奥梅尔的军营中度过的，4 岁时，他有了一个妹妹——郝芮。这本是一个幸福的家庭，但噩运却悄悄降临，卡斯泰 7 岁时，他的生母由于身体过于虚弱而撒手人襄。亨利·查理于次年又娶了一位来自佛拉芒地区名叫玛丽的女子，父亲的第二次婚姻让卡斯泰多了两个弟弟勒内、罗兰及一个妹妹玛赫赛勒。然而生活并不总是充满玫瑰，噩运也没有停止它的脚步，卡斯泰 12 岁时，勒内因病死去，4 年后他的亲妹妹郝芮又离开了人世。从童年到少年，卡斯泰相继经历了与几位家人的最终诀别，这种经历是苦涩的也是无奈的。所幸的是，幼年的卡斯泰并没有因为失去亲人而深陷忧伤之中，继母玛丽如同对待自己的亲生子一般给了他无微不至的关爱与呵护，卡斯泰也对继母充满敬意，视她如自己的亲生母亲。在以后的很多年中，他对继母始终保持着一如既往的孝敬，继母玛丽去世后，卡斯泰将她的家产全部让给了他唯一的异母弟弟罗兰。

由于有了这样一位慈母，卡斯泰的家庭环境和睦而温暖，但这个温暖的家庭又以严厉甚至于苛刻而出名，因为他们还有一位严父。卡斯泰的父亲希望孩子们能追随着自己的足迹在军队中有所作为，于是，他请来了圣奥梅尔地区最严厉的家庭教师来教育自己的孩子，每天向他们灌输严格的纪律，如同训练新兵一样打造他们。不仅如此，这位严父还常常自己实施家教。一次，他无意中遇到卡斯泰兄弟正在城内设摊进行宗教募捐，感到非常奇怪，就上前查看，经再三追问才发现，原来卡斯泰和弟弟是在用募捐来的钱物换取零食吃，这让他勃然大怒。卡斯泰和弟弟不仅受到严厉的斥责，还受到了手持"我是骗子""我是小偷"的牌子绕营区内游走一圈的惩罚。

圣奥梅尔军营是陆军营地，军营的生活让卡斯泰感到充满乐趣，来来往往的士兵身影让他既羡慕又向往，军人的意识在他内心很早就扎了根，同时，陆军思想也在他身上留下了深深的痕迹。这对他早期军事思想的形成毫无疑问产生了一定的影响，一直到第二次世界大战前，尽管是一名海军，但他独特的军事思想中明显带有陆军色彩。卡斯泰曾自认为是"海军中的一名步兵"。

1895年，卡斯泰高中毕业，出乎父亲意料的是，他决定报考海军学校。据事后回忆，促成他作出这一决定的原因竟是受儒勒·凡尔纳文学作品的影响。《格兰特船长的儿女》《哈特拉斯船长历险记》《海底两万里》这些充满想象力的文学作品大大开阔了他的视野，丰富了他的思维，神秘的海洋对他有着更大的诱惑力。虽然与父命相违，不过这一回，父亲同意了他的决定。

报考海军学校需要通过一系列的考试，他的笔试成绩很不错，口试却不理想，最终没能通过海军学校当年的考试。但立志投身于海军的坚定决心使他毫不气馁，在经过整整一年的努力复习之后，第二年，也就是1896年，他以第一名的成绩被海军学校录取，从此，拉乌尔·卡斯泰进入了一个新的生活天地。

两年的军校学习生活使他形成了严谨勤奋的性格，他的勤奋刻苦在学校里是出了名的，这股学习的劲头让他的同学们自然而然地联想到了勤奋的中国人，同学们送给他一个外号：中国人卡斯泰（Le Castex Chinois）。军校生活的各种细节现今已无法考证，唯有学生成绩单真实地记载了卡斯泰那段时期的骄人历史：除绘图专业外，各科成绩自始至终都是名列前茅。绘图专业是卡斯泰唯一不感兴趣的专业，也是学得最不用心、最糟糕的专业，好在毕业考试时这门专业及格了，这让卡斯泰得意不已。尽管如此，卡斯泰仍不愧是那一届毕业生中最优秀的学生，校长在毕业鉴定书中为他作了如下的评语："一位值得高度重视且极具天赋的学生，未来卓越非凡的军官。"

女王的接见与德皇的"预言"

海上航行对卡斯泰来说并不意味着枯燥与寂寞，世界观的形成，除了理论书籍，也需要大量的实践活动。远航让他对自身、对外部世界都有了更多的了解，他不再是一个仅仅出于好奇而四下走动的青年，思想的种子已经开始萌芽。

1898 年 10 月，卡斯泰来到了老式巡洋舰"依菲热尼"号上，开始了毕业前的海上实习。这是他第一次随舰艇游弋在大洋之中。辽阔的大海令他兴奋无比，然而，好景不长，一场可怕的风暴袭击了他们。阴暗的天空下，汹涌的波涛肆虐翻滚着，1.5 万吨的"依菲热尼"号如同折了翅膀的小鸟在无尽的浪涛中艰难地挣扎。头晕、呕吐、四肢无力而又毫无食欲，这一切使得卡斯泰第一次出海就领教到了大海的威力。他在日记中写道："我已经两天没吃任何东西了，不过，我相信一切都会过去的。"

在"依菲热尼"号上，他的第一份实习岗位是参谋副官，即海上指挥官助理。这意味着他有机会参与重要会议，同时，还履行值更官的部分职能。这个岗位只有成绩名列前茅的学员才能获得。如同在学校一样，海上实习期间卡斯泰也表现出了超强的学习能力，各项考试成绩从未低于 18 分（满分为 20 分）。实习结束前的最后一项考试是舰艇战术，该项考试常常令学员们深感头疼。然而，对于卡斯泰来说，战术问题似乎不是什么难题，战术教官克朗萨柯已经教会了他相当多的舰艇实用战术，最终，他是全班唯一的战术成绩满分获得者。五十多年后，当卡斯泰在图卢兹百花诗社作演讲时，仍十分动情地回忆了当年的这段海上实习经历。在众多教官中，唯有克朗萨柯教官的教导仍令他念念不忘。

海上实习期间，卡斯泰第一次开始记日记，但十分奇怪的是，他的日记几乎从不涉及个人行为，日记所记载的只是一些单纯的海上航行事件。在这些事件中，能够找到涉及他个人情感的只有寥寥几笔。

10 月 28 日，"依菲热尼"号航行到了里斯本港，全体学员受到葡萄牙女王玛丽——法国奥尔良公爵的妹妹——的宫廷接见。第一次得到女王接见的卡斯泰既紧张又激动，在上前向女王行吻手礼时，竟然不小心打碎了女王座位旁的一只花瓶。所有的学员都愣住了，卡斯泰更是为自己的紧张与冒失羞愧得满脸通红，不知所措。一直面带微笑的女王若无其事地说道："别担心，不过是只花瓶而已。"事后，他在日记中写道："那其实是一只非常珍贵的花瓶，但女王的雍容大度比之更加珍贵。"这是卡斯泰日记中仅有的一次"糗事"记录。

受到女王接见虽然十分荣幸，然而，他却无法消除随之而来的因"法绍达"事件引起的郁闷心情。

1898 年，法国为扩大其在西非、中非的殖民地，正积极向东推进，企图建立一条从佛得角至索马里横贯非洲并连接阿尔及利亚的殖民圈。而法国的老对手英国，自 1882 年占领埃及后，继续向南扩展，企图征服苏丹，并把英属南、北非殖民地连接起来。英、法两国在苏丹产生了巨大的利益争端。1898 年 7 月，马尔尚上尉率领一支法军占领了尼罗河上游苏丹的法绍达（Fachoda，1904 年改名科多克 Kodok）。两个月之后，基钦纳率领的英军从陆路也抵达法绍达。迟到的英军看到该地已升起了法国三色旗，又惊又怒，他们要求法国人降下国旗并立即撤出法绍达。以胜利者自居的马尔尚上尉非但拒绝了基钦纳的要求，还大大嘲笑了他们一番。受到嘲弄的英国人摆开架势，准备强行攻占法绍达，法国人毫不示弱，针锋相对。双方剑拔弩张，眼看就要发生直接军事对抗。英、法两军在法绍达对峙的消息很快传到了法国国内，法国政府经过权衡认为，目前法军还没做好与英军在海外作战的准备，而且与英国发生冲突可能会削弱法国在欧洲大陆的地位，更为重要的是，德国会因此乘机再次进攻法国。1898 年 11 月 3 日，法国政府作了让步，命令法军从法绍达撤退，作为交换条件，英国人对法国开放了通往南非的海上通道。

11 月 14 日，法绍达撤军的消息传到了"依菲热尼"号上，大多数军官都为此欢呼，认为法国人有了海上航行的自由。卡斯泰当天在他的日记中写道："一则新消息传来，竟然是我们放弃了法绍达！这下我们可以自由地经过由英国人控制的开普敦了。但我此刻宁愿结束所有的海上航行，立即返回法国，以换回法绍达。在这场本该赢的战争中我们只获得这点蝇头小利，政府中利欲熏心、卑鄙懦弱之流只会作出这种决定！"与大多数同学不同，卡斯泰并不是一个君主政体拥护者，对于法国海外殖民地的扩张有着自己独特的看法，即对海外殖民地实施平等的共和制，但他的这种共和制思想带有着强烈的"陆地占领"情结。这种情结来自于对法国历史的思考，也来自于对拿破仑一世辉煌帝国的崇拜，更来自于对海上强国英国及陆上强国德国的忧虑。

1899 年 7 月 19 日，"依菲热尼"号来到挪威的卑尔根港，正在当地访问的德国皇帝纪尧姆二世参观了"依菲热尼"号。因为是优秀生，卡斯泰受到德皇的接见，而这一天正是普法战争爆发 29 周年的日子。虽然没有参加那场惊心动魄的战争，但父亲的经历让他难以忘怀，与这位大人物的零距离接触并没有改变他对德国人的成见。"纪尧姆二世是个高傲的人，魁梧的身材，健壮的体格，让他看上去更像是个运动员。他的相貌显示出他的专横与暴躁，修剪得光亮而挺直的胡须甚是做作。"

尽管心生厌恶，卡斯泰还是很礼貌地回答了德皇的问题。纪尧姆二世首先询问了他的姓名，当得知他姓卡斯泰时，就问道："我听过这个姓，您是否有家人在海军服役？""我是一名法国陆军上校的儿子，陛下。"这样的回答让皇帝感到有点意外，卡斯泰心中也非常清楚对方对自己的家世并不了解。不过，这位皇帝显然没把卡斯泰放在眼里，临走时，他淡淡地握了握卡斯泰的手说："您是这一届学生中最优秀的，我想您必将会成为将军，好好努力吧。"

30 年后，卡斯泰成为法国海军最年轻的将军之一，纪尧姆二世不经意间的"预言"成为现实。

从雅典到耶路撒冷——思想的萌芽

海上实习结束后，卡斯泰被授予一级准尉军衔，并分配到地中海舰队"布赫努斯"号战列舰上任助理航海长。1899 年10 月至 12 月，包括"布赫努斯"号在内的一支法国舰艇编队访问了地中海沿岸各国。这是卡斯泰第一次面对面地了解他的近邻国家，想象与现实的撞击，其结果使得年轻的卡斯泰开始了全新的思维历程，已有的种族优越感悄然发生了变化，他用日记描述了这次难忘的访问历程。

首先访问的国家是希腊，这个国家留给卡斯泰的印象只能说是一般。在比雷埃夫斯港，"到处都是希腊人的小艇，而他们的操纵技能却是如此低下，不时会出现一些滑稽可笑的撞船事故。一艘小艇竟会撞上在此停靠的俄国'亚历山大二世号'"。海上的情况如此，陆上的情形也好不到哪去，在雅典，"街道上挤满了肮脏不堪的人群，他们似乎并不友好"。这种不良印象即使在修道院附近也同样如此，他们的游手好闲表现出对教皇的极大不敬。如果说这一切还能让卡斯泰忍受，那么商人的表现则让他感到气恼。"我很想弄明白这个民族到底有多少人在从事骗子这项职业，又有多少人是诚实的！无论是在咖啡店、商店还是在剧院，你总能遇到这些人，他们向你兜售你想要的和不想要的所谓商品，每一件东西都十倍于它的原价。如果你对这强盗般的价格感到不满，开出一个合理的价格时，你又会惊奇地发现他们竟然也能接受，可见他们有多黑心了。在这个国家，你得时刻保持清醒，尤其是要当场算对买东西时找回的零钱，商人们似乎总是会不小心算错，但每一次都是让你吃亏的错。"

离开希腊后，访问的下一个国家是黎巴嫩，不幸的是，黎巴嫩并不比想象当中的好。

"这里的人简直天生就是强盗，商品价格虚高得离谱。千万别大声讨论钱的问题，每次讨价还价你就会发现自己被一群毫不相干又十分好奇的人所包围，他们说着俚语对你指手画脚。"在购买一只银制烛台时，卡斯泰仗着几个人同行，用威胁的口气最终将价格降了下来。"这是唯一的方法，粗暴就是原则。这里的人聚集了各种恶习、道德败坏，按照欧洲法律，他们都应该被送上法庭。"

在西方人眼里，地中海东岸的东方国家总是充满着神秘与莫测，令人欲探究竟，卡斯泰也不例外。利用舰艇在贝鲁特停靠的机会，他决定向更远的地方进发以满足自己的好奇心，地点选在了大马士革。很明显，他并不懂得尊重东方人的习惯与信仰，种族优越感让他觉得教皇才是文明的象征，东方的宗教与信仰不过是一些未开化的产物。在与两名准尉共同参观一座大清真寺时，他们发现前来朝拜的信徒口中念念有词，发疯般地匍匐在地，这种景象让他们感到既吃惊又好笑，到后来竟当场笑出声。愤怒的信徒将他们团团围住，直到这时他们才知道犯了众怒，最后不得不在当地人面前作出让步与道歉。狼狈不堪地逃出清真寺后，三个人仍心有余悸，那一刻，他们真切地感受到了曾导致十字军东征的种族对立与宗教仇恨。

大马士革的经历让卡斯泰陷入了思考之中，他的情绪多少有些消沉，好在舰队接下来访问的是黎巴嫩基督教区，也是一个法语区，他们在此受到空前热烈的欢迎。"夜幕降临，我们受邀参加晚会，会场布置得如同仙境一般。城市周围村庄燃起的篝火照亮了整个夜空，到处都是欢乐的海洋，到处都是快乐的笑语与歌声，绚丽的烟花将晚会推向了高潮……"第二天，编队在人群高呼"法国万岁"的欢送声中缓缓离去。

接下来，编队访问了以色列，并停靠在特拉维夫港补给。这天，正在码头上散步的卡斯泰突然接到命令，他被指派到一个临时小分队前往耶路撒冷实施考察。这项任务让他兴奋不已：耶路撒冷，这可是他向往已久的圣地。

带着激动与虔诚的心情，卡斯泰来到了耶路撒冷。这座城市留给他的印象既深刻又难以用语言描述，一位作家曾写道："上帝给了世界十分美丽：九分给了耶路撒冷，剩下的一分给了世界其他地方；上帝给了世界十分哀愁：九分给了耶路撒冷，剩下的一分给了世界上的其他人。"在这里，他看到了耶路撒冷的美丽，这座集犹太教、伊斯兰教和基督教世界三大宗教于一身的宗教圣城，处处散发着古老而质朴的气息。每当黄昏，城市建筑中特有的石材特质，使整个城市都弥漫着黄金色的光泽，明亮而美丽，圣城之圣不言而喻。在这里，他也看到了耶路撒冷的哀愁，哭墙边的"苦路"，是基督徒被罗马人逮捕之后，背着十字架走向牺牲和复活之路。在这里，卡斯泰感受到一种从未有过的强烈的灵魂震撼。他用如诗般的笔调写道："耶路撒冷，耶路撒冷，你带给我们无尽回忆的同时，也带出我们对主的敬仰，你不愧为人类的摇篮。"

编队访问的最后一站是君士坦丁堡。在卡斯泰眼中，充满东方神秘色彩的君士坦丁堡城似乎有着无穷的魅力，穿梭在五光十色的人群中，观赏着各式各样的店铺，他只希望能在此尽可能多待一些时间。这座有着千年历史的名城以其无法抗拒的魔力深深地吸引着他，也促使他对种族优越感开始了更进一步的思考。诚然，卡斯泰并不是一位哲学家，他也从未想过用哲学的方法来思考问题，父亲遗传给他的军人血质使他更多的是从军人的角度来看待世界，东方文明对他的种族优越感的冲击令他萌生了从军事角度去研究地缘政治的最初想法。

东南亚之行及第一部著作

1900 年 6 月，英、法、德、俄、美、日、意、奥八国，联合军事入侵北京，同年 7 月，卡斯泰被派往法国远东舰队执行海上攻击任务。9 月 10 日，法远东舰队抵达天津大沽口，然而，海上战事已结束，卡斯泰事实上没有参加任何军事行动。不过，作为补偿，他仍然获得了一枚作战勋章。由于海军此时已没有过多的军事行动，卡斯泰决定乘坐"喀哈瓦内"号邮轮先行返回法国，没想到这项决定使他遭遇了一场意外，差一点就结束了他的生命。

1900 年 10 月 21 日深夜，"喀哈瓦内"号邮轮正航行在日本海海域，辽阔的海面星光惨淡，能见度不超过 2 海里。晚饭后就一直在自己的舱室内看书的卡斯泰，此时显得有些疲倦，正准备躺下休息。突然，甲板上传来阵阵慌乱的喊声，他跑上甲板，却看到了一生再也不想看到的一幕：一艘高速驶来的货轮船头正对着邮轮的右舷直冲而来，显然驾驶室值班人员刚刚从梦中醒来。躲避不及的木质邮轮被铁质货轮拦腰撞上，邮轮刹那间变成片片木板散落在漆黑的海面上。卡斯泰被幸运地救上了货轮，但全部的个人物品包括日记却再也找不回来了。几天后，他被送到了前往越南执勤的巡洋舰"昂特里卡斯特"号上。虽然侥幸捡回一条命，但撞船事件并没有给他造成多大的影响，相反，他倒是觉得整个过程有种被命运捉弄的味道，尤其是在"昂特里卡斯特"号上，由于自己所有的军装都沉入了大海，他只能借穿水手服。戴着水兵帽，穿着上等兵的军服，在其他水兵诧异的目光中出入军官舱室，这使他看上去不仅特别甚至有些滑稽可笑。在跟随"昂特里卡斯特"号执勤期间，他基本上是水兵装扮，为此，闹出过不少误会。第二年1月，"昂特里卡斯特"号返回法国土伦，卡斯泰总算恢复了他的军官面目。

1902年1月，已是海军中尉的卡斯泰被派往东南亚地区随舰执行沿岸水文调查任务。经过几天短暂的水文地理专业培训后，1月底，随护卫舰"梅花雀"号抵达越南的安南港。对越南及柬埔寨沿岸的水文调查工作开始逐步展开，卡斯泰是这项工作的主要负责人。他的工作得到了舰长的高度评价，认为他"身体健康、精力充沛、知识丰富，完全胜任水文调查部门主管一职"。但是，随之而来的糟糕气象条件使得调查工作难以继续进行，"梅花雀"号大部分时间只能停靠在港口。进入6月份，一次接一次的台风完全中止了调查工作。军官们都搬到了岸上居住，卡斯泰利用这一机会，对越南、柬埔寨的部分港口及风土人情实施了近一年的考察。初期的考察进行得很顺利，随着活动范围的扩大，他渐渐出现不适应的状态，东南亚炎热潮湿的气候让这位法国人患上了严重的皮肤病，最后，他不得不回国接受治疗。

皮肤病很快得到治愈，出院后，卡斯泰对他的东南亚之行进行了总结，1903年6月，他向法国《海军杂志》投送了他的

第一篇文章:《西贡的新港口》。文章很快被发表,卡斯泰因此得到一次嘉奖。第二年3月,他又在同一杂志上发表了第二篇有关东南亚问题的文章:《国旗飘扬在远东》。这两篇文章是卡斯泰首次就地缘政治问题表达自己的看法,主要论述了东南亚国家的地缘关系以及法国在该地区应扮演的角色,一些观点虽然还不太成熟,但却构成了其国家海洋战略思想体系中最初的组成部分。

1903年10月,卡斯泰担任"驼鹿"号航海训练舰的航海教官,在这个职位上,他表现出了极具天赋的教学才能。正是由于这份才能的显现,使他后来的职业生涯中,大多以院校工作为主。在担任航海教官期间,卡斯泰完成了第一部有关地缘政治问题的著作:《印度支那沿岸——经济与海洋研究》。该书首先从航海专业的角度详细记述了印度支那地区沿岸及港口的航海水文气象状况。其次,该书深化和发展了最初发表的两篇文章的观点,对印度支那地区的政治、经济、海上贸易、国家财政等情况进行了全面的分析,并指出,法国在越南西贡建立的海外贸易基地存在相当多的不足之处。尽管政府已出资在西贡河建立了港口,但其过小的规模还不足以成为远东的贸易基地,西贡港的现有贸易量不如仰光,更不如中国香港、新加坡。卡斯泰建议在西贡河右岸再建一个新码头以扩大货物的吞吐量。另外,关税制度的不合理,使得法国在远东的商船数少于英国,为此,他提出政府应改革关税制度,刺激商船在远东的贸易,进而向该地区输出法国文化,以保证法国在该地区的长久经济利益。

《印度支那沿岸——经济与海洋研究》一书完成后,卡斯泰的父亲利用一次家庭宴会的机会,将卡斯泰介绍给了《快讯》杂志的主编阿尔伯特·萨罗。阿尔伯特·萨罗对卡斯泰的才能十分欣赏,他立即决定,聘请卡斯泰担任《快讯》杂志专栏作者，并与他签订了长期合作协议。从那之后，卡斯泰定期在《快讯》杂志上发表文章。这些文章涉及政治、经济及海洋策略，但相当多的文章均以不同的笔名发表，这些文章事后都难以查寻，这也对后人深入研究卡斯泰产生了一定的难度。在这次宴会上，卡斯泰还认识了阿尔伯特·萨罗的哥哥莫里斯·萨罗，后者是一位颇有政治影响的人物，拥有多家出版社股份权。宴会结束时，卡斯泰接受了阿尔伯特·萨罗的建议，将他的第一部著作全权委托莫里斯·萨罗负责出版发行。

很快，《印度支那沿岸——经济与海洋研究》一书出版，该书获得了法国商学会及地理学会颁发的双重奖励。第一次出书就获此殊荣，卡斯泰心中不免扬扬得意，他已经开始计划另一部著作的出版了。但，他高兴得太早了。

该书在交付出版时，出版商认为卡斯泰名气不大，而且这一类书籍远不如莫泊桑的小说来得引人入胜，因此提出，出版后若出现亏损，作者本人必须向出版商支付亏损费用。或许是过于自信，或许是急于想看到自己的作品出版，卡斯泰不假思索地与出版商签订了上述协议。而接下来发生的事，对卡斯泰来说如同一场噩梦。书的销量从一开始就不好，到1908年年底，已经彻底没了销量。面对大量积压的书籍，出版商要求卡斯泰支付近800法郎的亏损费用。卡斯泰事先根本没想到会出现这样的结果，而且，800法郎对于还只是中尉的他来说可是一笔不小的费用。无奈之下，卡斯泰唯有采取拖的办法来应付，但拖并不是最终的解决办法。1910年1月，出版商再次找到卡斯泰就出版费用问题提出交涉，卡斯泰只好硬着头皮会见了出版商。他首先指出签订的合约不合理，出版商事先没有解释清楚全部条款的深层含义，最后请求出版商允许他按每月20法郎分期付款的方式来支付这笔费用。出版商的回答是："每月20法郎？您可真有耐心，对您的这份耐心我们深表敬佩。但可以肯定地说，我们绝不会等那么长时间！我们已经给了您足够的宽限时间。"走投无路的卡斯泰只好同意付款，并以军人的荣誉来担保将如数付清全部费用。这笔费用直到1911年9月才全部付清，这还是看在莫里斯·萨罗这层关系上，否则他早就被告到法院了。

危险的日本人与印度支那

《印度支那沿岸——经济与海洋研究》一书出版发行后不久，他的另一部论著《危险的日本人与印度支那——政治与军事的思考》也出版了，不过这本书的篇幅不长，更准确地说只能算是本小册子。由于有了前车之鉴，卡斯泰总算明白了出书是要冒一定风险的。为了避免上一本书的尴尬局面再次发生，这一回，他干脆放弃了全部的版权和稿酬。

在这本小册子中，卡斯泰首先从英、法关系入手，分析了法国在印度支那可能受到的威胁。"法绍达"事件后，1899年3月21日，英、法两国签订了《诚挚谅解》协定，基本上以乍得湖、刚果河和尼罗河流域为双方殖民势力范围的分界线，法国放弃对尼罗河上游地区的领土要求，承认英国在苏丹的统治权。作为补偿，法国取得乍得湖流域和瓦达依的控制权。英国不再对法国在印度支那地区的扩张构成威胁。

卡斯泰对这一事件进行了深入的剖析。他认为，虽然英国能否与法国达成真正的谅解还值得怀疑，但至少英国人对法国侵入泰国没有表示异议，法国在越南的利益也得到了英国人的"谅解"。在亚洲的利益冲突上，他认为对法国的存在能构成威胁的主要是日本，"目前，危险主要来自日本。日本人妄图称霸亚洲，欲以盟主的身份号令亚洲各国对抗欧洲强国。欧洲一些国家已经对此作出了反应，而法国则表现得十分软弱，远未在她的占领区作出有效防御"。

1902 年，日、俄之间的矛盾不断加深，为获取更多的亚洲利益，日本与英国签订了《日英同盟条约》。该条约主要内容有："英国承认日本在朝鲜的特殊权益"，"日本或英国如与第三国作战，他方应严守中立。如一方对两个或两个以上国家作战，他方则进一步以武力援助，共同作战。"条约签订后，两国还以照会的形式宣布：平时两国海军尽可能地联合行动，双方要在远东努力维持超过任何第三国的海军优势。显而易见，日、英同盟实际上是军事政治同盟，它不仅标志日本从此加入了帝国主义瓜分世界的行列，更重要的是，如英国人所希望的："俄国会遏制黄祸，而日本会遏制俄祸。"

日、英同盟及日、俄间的矛盾使得早已建立军事同盟关系的法俄两国感到了来自另一军事集团的巨大压力。卡斯泰意识到，法、俄与英、日两大集团间将不可避免地会产生对抗性冲突，在这一前瞻性的考虑下，他首先想到的就是法国在亚洲的利益，指出："应加强印度支那地区陆地防御，利用轻型巡洋舰采用海上游击战的方式阻止日本势力向印度支那渗透。如果印度支那地区还是目前的这种作战能力，那么，它很有可能脱离法国的殖民领地，我们将面临俄国人在满洲里所遇到的种种麻烦。"

卡斯泰的这些论述体现了他早期的地缘政治观，这种地缘政治观是朴素的、原发性的，还无法形成完整的思想体系，他更多的是从军事角度来思考政治问题。在制海权的认识上，卡斯泰显然还没有接受马汉有关制海权的理论，头脑中固有的陆军思想使他认为陆上防御重于海上进攻，而海上进攻也只局限于海上游击战。

《危险的日本人与印度支那——政治与军事的思考》一书

出版时恰逢日俄战争爆发，文章中的一些观点迅速被法国各大报刊引用。卡斯泰引起了人们的注意，一些军政要人也在讨论着他的文章及他本人。负责越南事务的议员弗朗索瓦在自己的办公室约见了他，两人就东南亚问题尤其是法国在印度支那的利益问题进行了一番长谈。弗朗索瓦决定前往印度支那地区考察当地的军事设防情况，并提出要卡斯泰随同前往。这一提议让卡斯泰大为兴奋，他早就盼望着能有机会再次踏上那块充满异域风情的神秘土地。于是，他爽快地答应了弗朗索瓦议员的要求。不过，一个现实问题却不得不考虑，那就是作为航海学校的教官，他能否得到批准离开教学岗位还是个未知数。

学校教务长对弗朗索瓦议员的建议并不感兴趣，他认为卡斯泰的工作就是航海教学，实际上是不同意卡斯泰前往印度支那考察。情急之下的卡斯泰忽然想到了《快讯》杂志主编阿尔伯特·萨罗的哥哥莫里斯·萨罗，他知道莫里斯·萨罗无论在政界还是军界都很有人缘，只要他肯帮忙，说不定就能实现自己的愿望。他很快找到莫里斯·萨罗，叙述了自己的情况和愿望。莫里斯·萨罗决心帮助这位年轻人，他告诉卡斯泰别担心，解决的办法会有的。几天后，航海学校校长收到海军部长的一封亲笔信：暂调卡斯泰到海军部工作。莫里斯·萨罗的关系昊然十分了得。

1904 年 7 月，卡斯泰以海军部长特派员的身份随同弗朗索瓦议员来到了中南半岛。在三个月的考察时间内，他们对越南及柬埔寨的军事、政治、经济、文化等诸多方面都进行了详细的分析，也接见了不少当地重要官员。由于是海军部长的特派员，卡斯泰还得到了柬埔寨国防部颁发的一枚皇家奖章。

10 月 10 日，考察任务结束，他们回到了法国。20 天后，一份长达 270 页的考察报告出现在众人面前。报告的署名理所当然是弗朗索瓦，但全部内容均为卡斯泰所撰写，弗朗索瓦只写了序言部分。不过，这位议员在序言中倒也没有忘记提及卡斯泰的工作与贡献。

报告的涉及面非常广泛，包括军事政策、海洋政策、交通运输线、指挥体制、军队卫生状况、防区内部安全，等等。其主要观点与《危险的日本人与印度支那——政治与军事的思考》一书相辅相成。报告指出，在印度支那，日本是最主要的甚至是唯一的敌人。"日本已成为一个十足的军国主义、极端霸权主义国家。为了利益的追求，日本正大肆对他的亚洲邻国进行毫无顾虑的侵略……印度支那完全有可能成为其下一个瞄准的目标。"在海洋政策上，报告还特别分析了金兰湾的地理位置及战略重要性，提出了建立金兰湾舰队的设想。

两个月后，经弗朗索瓦议员同意，卡斯泰将报告的总结部分重新进行整理，并以此为依据写出了一部新的著作：《黄白对抗——印度支那之军事问题》，已经显现的一点名声使他从这本书第一次保留了10%的版权。

从1904年年初开始，英、法之间的矛盾虽然没有发生根本性改变，但英国人对法国的态度则变得越来越友好，德国人在远东的利益迫切需求一个"长时间的和平"环境，美国人则面临菲律宾人民反抗的困境，列强们已经无暇顾及亚洲的日本。在《黄白对抗——印度支那之军事问题》一书中，卡斯泰则对日本及法国在印度支那的利益问题再次进行了深入的思考，他认为：日本已经赶超了欧洲各国，正成为新的军国主义国家，"其不断的对外扩张行动已将大部分亚洲地区纳入其势力范围，印度支那地区更是成为其囊中之物"。日本完全可以通过其所建立的"大东亚共荣圈"，甚至利用"泛蒙古主义"运动来消除法国在印度支那地区的存在，"东西方种族间的冲突正在酝酿之中，其对抗的形式也会越来越多"。"日本人可以利用这一切来煽动民众骚乱，日本海军可趁机对金兰湾实施大举进攻"。

在这种情况下，印度支那的法军是否有能力抵抗日本人的进攻？一开始，卡斯泰对此给予了肯定的回答，但随后发生的日俄战争促使他重新进行了思考：日本现有的作战能力及其战略意愿显示出，与日本进行印度支那地区的战争，作战双方可能要投入100万人的部队。法国海军由于远途作战，其作战兵力必须四倍于日本海军，才能保证对海洋的控制。战争初期，当地的驻军力量必须要在法国海军抵达之前能完全抵挡日本人的进攻。这完全是日俄战争模式的假设，这种假设模式的结果是，战争的最低费用将达1.8亿法郎（1.1亿用于陆地作战，0.7亿用于海上作战），而法国每年用于海外殖民战争的国防预算又为0.38亿法郎。卡斯泰在最后总结道："失去印度支那如同我国失去中国的旅顺，法国的地位将出现不可逆转的下降。"

　　卡斯泰从印度支那这一法国关键的海外利益出发，将军事、政治、经济作为国家的整体组成部分来思考战争问题，他对法国海外利益可能受损而表现出的担忧令他在法国海军中显得有些鹤立鸡群。法国海军似乎还没看到那么远，而更关心的是地中海及大西洋等海域。卡斯泰所提出的加强印度支那地区海军存在的观点与海军现实完全不一致，经费预算、后勤保障都成为必须要面对的困难，而最大的困难还在于法国海军是否能派遣舰队前往远东地区。法国海军断然否决了卡斯泰的观点，其理由是对黄种人的远征并不能消除欧洲发生战争的危险。

　　《黄白对抗——印度支那之军事问题》的观点并未引起海军高层的重视，但法国新闻界却对该书普遍作出好评，《快讯》杂志认为，该书出现得非常及时并将导致军队向着更有益的方向发展，"还没有哪一部著作如此深刻地分析了我们所面临的海外形势"。《小巴黎人》报称赞该书为"最有价值的军事著作"，"我们有理由相信书中的所有观点，因为他出自一位真正

025

的军人之手"。《法国军事》杂志强烈建议他的读者阅读该书，并尊称作者为"勇敢坦率和天才的拉乌尔·卡斯泰先生"。《人物》杂志则发表了长篇评论指出：该书提出了一个十分现实而尖锐的问题，即当我们的舰队前往印度支那地区时，本土该如何实施海上防御？解决的办法只有一个，那就是建立更加强大的驱逐舰舰队和潜艇部队，"强大的海军是我们拯救印度支那的唯一机会"。

职业生涯的第一次波澜

《黄白对抗——印度支那之军事问题》一书完成后，海军部的暂调命令时限也正好到期。在回航海学校报到之前，卡斯泰有两个月的假期，他决定利用这段时间去意大利参观旅游。

1 月的巴黎早已寒风凛冽，而被地中海环抱于胸的意大利依然阳光明媚。卡斯泰带着轻松的心情游览了佛罗伦萨、罗马、威尼斯、那不勒斯等意大利著名城市，一座座风格迥异的城市建筑群落，让他在为罗马人高超的建筑水平感到惊叹的同时，也为自己身为欧洲大陆子民而感到自豪，种族优越感再一次撞击着他的心扉。不过，他并没有忘记自己的海军身份，除了参观城市建筑，他更想参观的是意大利海军造船厂。

位于里窝那的奥尔兰多造船厂是意大利最重要的海军造船厂，卡斯泰首选它作为自己的参观对象。在向门卫表明自己的身份后，他满怀希望地等待着面前的大门会为他打开。听说来了一位法国海军军官，既没有许可证也没有引荐人，负责安全工作的值班主任感到又吃惊又好笑：法国人的浪漫是不是过头了？值班主任通过门卫告诉卡斯泰：没有许可证，工厂内禁止参观，并请他马上离开。卡斯泰似乎这才明白，这里不是法国，也不是法国的同盟国。在门卫长时间的注视下，他怏怏地离开了工厂。带着美丽的回忆也带着丝丝的遗憾，意大利之旅就这样结束了。

回到航海学校，他立即投入了忙碌的教学工作中。东南亚之行为他的教学增添了大量新鲜有趣的内容，更重要的是，正在形成的个人理论体系使他的教学有了更深的内涵。他的讲课内容不仅深受学员好评，也得到了校长的高度评价。1905 年 4月 1 日，卡缪斯校长提升他为航海学校的主讲教员，并向上司打报告要求提前为他晋衔。报告很快递交到了主管航海学校的布雷斯特海军军区司令埃蒙德中将手中，埃蒙德中将仔细阅读了卡斯泰的履历后认为：（卡斯泰）的确是一名优秀的军官，值得考虑提前晋衔，但他的中尉军衔才刚满两年，如果提前晋升，显然太快了。埃蒙德中将决定半年后再考虑他的晋衔问题。卡缪斯校长将这一切都告诉了卡斯泰，同时鼓励他继续努力。前途一片光明的卡斯泰如同一部上足了发条的机器，把所有的精力都用在了教学研究上，讲课、看书、写讲义构成了他生活的全部内容，这种过分的工作专注也使他疏忽了与同事、上司的交往。正当他全心致力于自己的工作时，来自老家的一封电报彻底打乱了他的生活节奏，提前晋升一事也就此耽搁。

1905 年 7 月 20 日早晨，正准备去上课的卡斯泰忽然接到一封加急电报，他略带疑惑地拆开一看，原来是继母玛丽从维尔纳弗老家发来的，电文只有几个字："汝父去世。"卡斯泰感到仿佛有人对着他的头部狠击了一拳，大脑顿时一片空白，整整一上午他都无法集中精力。下课后，他来到卡缪斯校长办公室，提出回老家休假的请求，校长立即同意了。

坐在回家的火车上，父亲的身影不时浮现在他眼前，最后一次与父亲见面还是他的第一部著作刚刚完成时，父亲仍旧刻板、严厉，这一点倒是毫无保留地遗传到了他身上。事业上已取得的成就足以让父亲感到自豪，继母玛丽也会为他高兴的。一想到继母，卡斯泰就思绪混乱，他最担心的就是她。

　　回到维尔纳弗村庄，远远地就能望见那幢熟悉的白色二层楼房。卡斯泰的父亲戎马一生，官至少将，却没什么积蓄，这幢房子还是继母玛丽出资购买的。踏进家门，他所担心的一幕出现在眼前：继母好像完全变了一个人，神情黯淡、精神恍惚，彻底失去了往日的光彩。他的异母弟弟罗兰、妹妹玛赫赛勒由于在外地上学，已经不能赶回来参加父亲的葬礼了，宽大的房间此时显得凄凉而冷清。父亲的去世使他成了家中的顶梁柱，既要照顾继母，又要顾及弟弟与妹妹，而在这之前，他完全不用操心这一切。

　　处理完父亲的丧事，他在家只停留了一个星期就回到了学校，但又时时牵挂着独守空房且心情越来越忧郁的继母。不得已，他将继母安置到了布雷斯特，虽然这样能时时看望她，自己的工作却大受影响。然而没多久，他童年时所经历的噩运再一次袭击了这个支离破碎的家庭：玛赫赛勒因病离开了人世。卡斯泰几乎无法专心于航海学校的教学工作，一种奇怪的想法占据着他的脑海，他不知道明天还会发生什么。

　　意志消沉的卡斯泰开始表现出自闭倾向，在一位朋友的劝说下，他终于决定参加一次军官聚会。通过这次聚会，他认识了几位海军部长的随从副官，其中一位对他说，目前部长的随从副官正好有一个空缺位置，如果他感兴趣的话，可以去试试。卡斯泰接受了这一建议。

　　1907 年 4 月，卡斯泰正式调离航海学校，来到了巴黎担任海军部长随从副官。同年 7 月 25 日，他被提升为海军上尉。过去的一切已经过去，他决心翻开新的篇章。

第 2 章

理论界崭露头角

　　1905 年到 1914 年这段时期，是海军的一次大发展期，日、俄对马海战中日本所取得的令人震惊的结果及英国"无畏"级战列舰的出现，将大舰巨炮这一海战思想推向了巅峰。在法国，以达流斯、达弗律等为代表的历史学派论者，极力推崇马汉的海权思想，达流斯的《海上战争：战略与战术》、达弗律的《海军战略实践》两部著作都对马汉的海权思想在实战中的运用进行了具体阐述。在他们的倡导下，法国刮起了一股复兴海军的旋风。然而，新理论的推广并不如想象中那么顺利，海军中的青年学派拥有强大的势力，他们坚持小艇破袭战，强调通过对运输商船队的攻击以达到切断敌方经济根源的目的。当卡斯泰于 1907 年来到巴黎任部长随从副官时，以马汉思想为基础的历史学派与以格里维理论为代表的青年学派就海军的建设与运用等问题正进行着一场大辩论。追随着达流斯与达弗律的足迹，他迅速加入了这场辩论中。

海军建设与运用问题的讨论

　　卡斯泰选择的第一个辩论目标是海军作战指挥体制，这是个已经争论了三十多年而未能解决的敏感话题。长期以来，海军参谋长与海军部长在行政管理与作战指挥权限的划分上一直纷争不断。1899 年及 1902 年的军事法令将海军参谋长和海军部长办公室主任的部分职能分离，同时，将这部分职能赋予了新成立的常设机构——海军参谋部。成立参谋部的目的是为了将参谋长固定于参谋部的领导位置，从而突出海军部长的军事领导功能。然而，新成立的参谋部却是个无足轻重的机构，参谋部的最高指挥官并不具备作战指挥权，这种做法与设立参谋部的初衷完全背道而驰。

关于海军的组织体制问题，当时主要有两种观点，一种观点认为：参谋长是海军部长的直接协作者，海军的全部事务均由参谋长负责。另一种观点认为：应重新划分行政管理权限，海军部长独立负责海军日常事务，参谋长只负责作战准备的相关事务。前一种观点被称为传统做法，而后一种观点则被称为"革新"。1908 年 5 月，卡斯泰发表了题为《参谋部的地位与作用》一文，对传统派提出了反驳，力挺组织体制新观点，对1902 年军事法令所提出的体制，他大胆地提出了改进意见并指出：参谋部要具有相对独立的权力，不应再保留行政管理功能，参谋长只负责与作战相关的事务。文章发表后引起了广泛共鸣，法国知名月刊《内河与海上生活》杂志对此发表了长篇评论，而葡萄牙《海军杂志》则全文翻译并刊登了卡斯泰的原文。1908 年，《海军战略实践》的作者达弗律给卡斯泰写了一封长信。在信中，达弗律就海军组织体制的建设陈述了自己的观点，对旧体制提出了反对意见，但同时又认为新体制存在的一个最大问题就是，由于海军参谋长仅负责作战事务，不参与武器装备的采购，其结果可能会导致海军装备采购出现盲目性。他建议卡斯泰继续深入研究以提出更加合理的措施。

卡斯泰接受了达弗律的建议，1909 年，他完成了《海军参谋部》一书的撰写。该书出版于当年 2 月，卡斯泰保留该书 10% 的版权。书中，卡斯泰发展了关于海军组织体制建设的新理念并提出了具体的机构改革措施。他认为，海军参谋部自成立以来，已对它提出了相当多的改进措施，但收效甚微。1902 年出台的军事法令目的是改革组织体制，但其可操作性不强，很难达成其最初的意愿。海军现行体制中存在太多冗余机构使得政令通行不畅，为了清除那些令人疲惫的且无益于海军发展的多余机构，首先必须要减少部门机构人员的设置，同时要赋予舰队日常行政管理功能。卡斯泰提出了自己的改革方案：所有的文职职权交由中央行管部门统一执行，参谋部只保留作战指挥功能。海军参谋部将由几个职能部门组成，第一部门（情报部门）和第二部门（港口与近岸防御部门）继续保留，不作大的调整；负责远海作战、部队训练、装备管理与使用等诸多任务的第三部门将被重新设置，新的第三部门仅负责动员、作战及兵力调配；第四部门负责舰船的采购与监制；第五部门负责训练；第六部门负责院校教育及制定条令条例。

卡斯泰的改革方案取消了大量他认为无用的咨询机构，比如海军监察机构，这个只有一名成员的委员会，"仅仅是个徒有虚名的空架子"。30 年后卡斯泰自己担任海军总监一职才发觉，机构改革并不如他想象的那般简单。

机构改革方案中有两项最大胆的创新，一是海军参谋长在战时将成为海军最高指挥官；二是在海、陆军中建立共同培训机制，以促进军种间相互了解，使不同军种间兵力行动更加统一有序。这是卡斯泰关于海军建设的最伟大创新，它打破了军种界线，第一次提出了不同军种间兵力联合行动的概念。

《海军参谋部》是卡斯泰第一部明确表明自己观点来源于历史学派的著作，但又并不完全照搬历史学派的观点，其主要观点介于历史学派与青年学派之间。英国人卡斯坦斯于 1907 年在《海军政策》一书中也曾试图结合这两种不同学派观点，卡斯泰则将其更进一步系统化，吸取了两派观点的精华，从全局的高度来筹划海军发展问题。

《海军参谋部》一书的出版引起了巨大轰动，来自社会的各种赞美之词不绝于耳，海军上尉卡斯泰成了人们话题的主角，他提出的体制改革方案最终得到了决策层的认可。奇怪的是，此时的卡斯泰内心却产生了矛盾，新体制的出现将彻底打碎沿用多年的旧体制，对旧体制怀有一种难以言表心情的卡斯泰，尽管提出了改革方案，却又不忍心看到海军元帅这一旧体制的代表消失在他的改革方案之下。

1910 年 4 月，法国海军实施了第一次重大体制改革，新成立的组织机构基本上是按照卡斯泰的设想来实现的，战时海军最高指挥官的设置及在陆、海军中设立共同培训机制这两项最伟大的创新由于太过超前而未能实现。直到 1921 年，国防部颁布了新的军事法令，海军参谋长才被授予作战指挥权，而军种间共同培训机制则直到 1936 年成立高级国防学院后，才得以实现。

18 世纪的海军军事思想

1909 年 8 月，海军部任命卡斯泰为"海盗"号训练艇艇长，该艇隶属于航海学校。曾被航海学校认为是最优秀教官的卡斯泰又回到了布雷斯特，他受到了校长及教务长的热烈欢迎。

布雷斯特港是法国西北部一个著名港口，西靠大西洋，北接英吉利海峡，地理环境优美，气候宜人，卡斯泰对这一切早已十分熟悉，新的工作岗位也令他感到满意。白天，他的主要工作是带领学员海上训练。晚上，他可以静静地从事理论研究。1910 年，他用整整一年的时间完成了《18 世纪海军军事思想》一书的撰写，该书由于篇幅过长，直到 1912 年 5 月才由一家军事出版社出版，考虑到发行量可能带来的风险，卡斯泰不得不再次放弃了著作权。出乎意料的是，该书得到了广泛认可，发行量与销售量都十分可观。与他所得到的可怜稿酬相比，出版商可是赚了一大笔。这令卡斯泰不由得十分感慨，八年前第一部著作出版时所遭遇的尴尬仍让他心有余悸，而所欠下的债务也才刚刚还完，他除了向家人发泄对出版商的不满之外，只能自认命运不济。

在《18 世纪海军军事思想》一书里，卡斯泰极力表达出这样一种观念，即战争的决定因素在于人，而不是装备。武器装备不过是"一堆毫无生命的木头或金属"，与之并行存在的还有人的思想。而人的思想这种智力因素，诸如决策者的思维、武器设计师的理念等，在战争的进程中往往具有更大的优越性。"军事思想是可见结构中的不可见的基础，只有建立了先进的军事思想体系，一切军事活动才有立足点。" 1757 年的洛伊腾战役，普鲁士军队大败奥地利军队，成功之处就在于腓特烈的战术思想突破了当时的传统认识，其大胆采用的"斜式战斗队形"，被证明是一种机动性更强的队形。法国元帅萨克森的军事思想对军队产生的影响在于他的编制体制，军队按此组编就获得了弹性和行动自由，可以更加自如地对敌实施机动作战或翼侧包围。

然而，18 世纪的海军思想大都处于一种僵化状态，作战双方热衷于舰艇操纵的技巧性，企图通过操纵舰艇形成敌前纵队来完成攻击。英国人的《永久战斗条令》成为欧洲各国海军的经典作战手册。这种时刻保持作战舰艇在战斗中呈线形排列、不得随意出列追击敌舰的战术要求，极大地限制了作战效果的达成。作战过程很大程度上是双方的海上机动纠缠，不存在海上决定战，战败的一方通常是先退出战场的一方，没有破坏对方战斗队形的骚扰战，也没有追击作战。1781年，法国与西班牙联合舰队对英国舰队的战役中，占有数量优势的法西联合舰队仍让英国舰队得以逃脱就是一个例子。

相对于这些僵化的海军思想，有三位人物受到卡斯泰的极力推崇，这三位人物分别是荷兰海军名将吕泰尔、法国海军上将絮弗伦以及英国海军名将纳尔逊，这其中，卡斯泰又首推絮弗伦的战术思想。吕泰尔的海军思想较早地体现了海军作战中主动进攻、集中火力及节省兵力的原则。絮弗伦在仔细研究了吕泰尔的战术思想后，得出了一套独特的战术法则。这一战术法则最主要的特征就是寻找战机，采用包括对敌锚地攻击等一切手段摧毁敌军海上力量，"不让任何机会溜走"是絮弗伦战术的黄金定律。实战中，絮弗伦常指挥舰艇迂回包抄，对敌殿后兵力实施集火打击，令敌难以自救。这种突破传统、不受任何约束的作战思想令卡斯泰对絮弗伦敬佩无比，称之为"简单实用、光辉灿烂的"絮弗伦战术。他在书中写道："有人说这不过是一种集中用兵方法的另一种体现，不，这完全不是传统的集中用兵原则，而是一种全新作战实践。"事实上，絮弗伦的作战法则是一种因机制敌的战法，没有相对固定的战斗队形，这对总希望运用某种战斗队形来进行海上作战的人来说实在是难以理解，即便是《海军战术》（出版于1787年）一书的作者格勒涅也无法准确把握絮弗伦的战术思想。只有后来的英国海军名将纳尔逊将絮弗伦的战术思想发扬光大，创造出了一段辉煌的英国海军史。

卡斯泰的上述观点应该看作纯学术性的观点，是对历史的不完全总结。海军自诞生之日起就有了思想体系，但这种体系是庞大而纷杂的，海军思想史犹如一片宽广的荒地，还没有人能够将其历遍。卡斯泰所推崇的絮弗伦战术也并非完美无缺，作战中已方舰艇的联络混乱应归咎于战术自身的缺陷。另一方面，絮弗伦并不是开创这种战术的第一人，哈乌克在絮弗伦之前的"红衣主教"战役中就曾使用过，德格拉斯早已将其写入已己的教令当中。因此，这一时期卡斯泰对海军思想史的研究还存在相当多的不到之处。卡斯泰之所以对絮弗伦情有独钟，很大一部分原因在于絮弗伦战术强调的是进攻，他的作战舰队有着更合理的编成，这与以防御作战为主、实施小型舰艇作战的青年学派观点截然不同。在这部著作中，卡斯泰更多的是为读者提供案例分析与比较，并不要求人们接受什么，但从中，已经可以发现"有组织的兵力""海上决定战"等概念雏形的提出。

1913年，《18世纪海军军事思想》一书获得了法兰西学士院颁发的荣誉奖，这是卡斯泰理论著作获得的首个最高奖项。

同年3月，卡斯泰来到海军枪炮军官学校进修，利用这一时期，卡斯泰仔细研究了一些有关海上游击战的战例，其中最著名的莫过于圣·厄斯塔什海战。1781年4月，法国海军上将拉莫特·皮盖指挥6艘驱逐舰对英国海军上将罗得尼率领的物资运输船队成功地实施了海上袭击，并缴获了26艘运输船。这一战例让许多热衷于海上游击战的人总是津津乐道，海上游击战的观点在法国海军中长期占有较强的影响力。卡斯泰则认为，拉莫特·皮盖上将的成功完全取决于两个偶然因素，一是直布罗陀海峡的侧风阻止并改变了英国船队的前进方向；二是改变前进方向的船队又鬼使神差地被正在寻找他们的拉莫特·皮盖撞上了，于是才有了一个奇迹般的结果。游击战虽在某种程度上能取得成功，但从进攻方的反面来说，"只能证明，在敌方舰队还没有被彻底消灭之前实施海上运输是十分危险的行为"。

随后，卡斯泰将海上游击战研究结果汇编成一本小册子，命名为《游击战的另一面》，出版于同年 4 月。这本小册子能够出版，得归功于当时法国海军对学术理论的宽容态度。很长一段时间以来，游击战思想一直被正统的历史学派论者所诋毁而无法得到承认。不过，对海上游击战的研究并没有影响他对絮弗伦战术的偏爱，这本小册子只是他对游击战的一种尝试性研究，他所关注的重点仍然是正统的海上战争。1912 年 4 月 1 日，枪炮专业进修期满，他被调至"贡德赫赛"号战列舰任枪炮长。一个月后，他开始着手进行《布拉亚军事行动》一书的撰写，该书于 1913 年 4 月正式出版。

《布拉亚军事行动》是一部建立在大量史料查阅的基础上完成的著作。在他之前，也有学者进行过类似的研究，但许多资料记载不完整，需要不断核实。为了完成这部著作，卡斯泰查阅了国家档案馆、外文图书档案馆中的大量资料。而这一切都需要耗费大量时间，也许在他撰写《18 世纪海军军事思想》一书时，就已经准备好了这些资料，但无论如何，仅仅一年的时间就能完成长达 400 页篇幅的著作仍是一件难以想象的事，除非他在担任枪炮长期间什么事都不干，只埋头写作。但"贡德赫赛"号舰长对他的评价是："对本职工作积极热情，很难找到比他更称职的军官。"卡斯泰写作之勤奋、效率之高不得不让人感到震惊。

《布拉亚军事行动》全面分析了絮弗伦第一作战阶段的战役经过，再一次把絮弗伦的作战思想呈现在世人面前，他甚至将絮弗伦与拿破仑进行比较，对他大胆的布拉亚行动给予了高度评价。书中体现了马汉思想最本质的内容之一：对敌有组织的兵力进行攻击，即实施海上舰队决战。

这本书的出版获得了巨大成功，但卡斯泰事先还是放弃了版权。时任海军高级军官学校校长的哈蒂耶少将认为该书十分有价值，称赞作者为"海军理论第一人，无人能出其右"，同时邀请卡斯泰来校讲课："我已经为您准备好了一切。"不过，卡斯泰当时并没有明确答应哈蒂耶少将的要求，他更希望自己能在舰艇上有所作为。1914年，该书获得了法国"社会与政治学院"奖。

不仅在军界，在社会各界，《布拉亚军事行动》都受到欢迎。由于卡斯泰只写了絮弗伦第一作战阶段的战役经过，人们期待着他能写出第二阶段的内容，相当多的读者给他写信希望他能提供絮弗伦作战三部曲。不过，这些希望全都落空了。《布拉亚军事行动》实际上是一本历史资料的通俗读本，算不上是严格意义的理论著作。卡斯泰认为，历史学派所提倡的主动进攻、摧毁敌海上舰队的观念已被大多数人所接受，支持青年学派观点的人越来越少，在海军作战运用这一问题上，历史学派与青年学派之争似乎可以画上一个句号了，因此，他停止了这一类历史著作的撰写。

勒旁特战役及其现实意义

1913年卡斯泰再次被调回巴黎，担任海军部长办公室助理。此时的部长办公室主任是准将达流斯。卡斯泰与达流斯二人可谓惺惺相惜，前者视达流斯为自己的导师，后者则对卡斯泰的工作给予了高度评价。不久，达流斯就推荐卡斯泰进入海军高级军官学校学习。从1914年1月到第一次世界大战爆发前，卡斯泰在担任部长办公室助理的同时，还在海军高级军官学校学习。这时期，他的一篇论文再次引起了公众的注意，论文的题目是"勒旁特战役及其现实意义"。

之所以选择勒旁特战役，是因为这场发生在16世纪中期希腊勒旁特海区，欧洲基督教国家海军联合舰队与奥斯曼帝国海军之间的战争，是一场划时代的海上战争，它的伟大意义在于，这是自亚克兴海战之后的第一次用桨帆舰船作战的大型海战，也是排桨战舰的最后一次作战。

时间回到16世纪。随着海上贸易的不断扩大，欧洲基督教国家认为土耳其帝国对他们的海上贸易构成越来越大的威胁，1571年10月，西班牙王国、威尼斯共和国、教皇国、萨伏依公国、热那亚共和国及马耳他骑士团组成了神圣同盟舰队，他们决心消灭土耳其海上力量，彻底打通海上贸易通道。

1571年10月7日凌晨，神圣同盟舰队总司令唐胡安向全体舰队发出了"向土耳其人进攻"的战斗命令。开战后，配置在神圣同盟军左翼及中央的加莱赛战船率先炮击土耳其军的排桨船，并击沉击伤其中几艘，先发制人的神圣同盟军成功打乱了土耳其舰队的部署。土耳其左翼舰队指挥官迅速调动兵力向南机动，以防侧翼受到包围，两军在北部战线首先展开了激烈的战斗。熟悉地形的土耳其军成功迂回到同盟军的后方，并以弓箭射杀了对方的司令，没有指挥官协调的同盟军左翼顿时溃败。很快，同盟军左翼舰队的指挥权就由他人继承，新指挥官重整舰队阵势，保留了舰队的力量。不久，土耳其右翼舰队司令在混乱中被击毙，土耳其军右翼出现混乱，各舰开始溃逃。在南方战线，同盟军右翼舰队却和土耳其军左翼舰队隔海对峙，互相进行包围及突破，形成胶着状态。

当天下午，两军中央部队出现激烈的战斗，土耳其旗舰与同盟军旗舰接舷。唐胡安在此时命士兵用火绳枪射击土耳其士兵，不少土耳其士兵被射杀，总司令阿里·巴夏被流弹击中，当场毙命，土耳其军开始出现大混乱。在土耳其军舰中负责摇桨的基督徒纷纷向唐胡安投降，使得同盟军战力增加不少。另一面，南方战线中，土耳其左翼舰队孤军面对同盟军三支舰队的包围，心知不妙的土耳其左翼舰队司令官开始撤退。下午四时左右，土耳其总司令阿里·巴夏的首级被挂在同盟军旗舰的桅杆上，战事宣告结束。

这场战役使土耳其海军遭到毁灭性打击，本来拥有约三百多艘战船的奥斯曼舰队只剩下一百余艘，这其中还包括受到重创的舰船，二万多名土耳其士兵在战斗中失去生命。奥斯曼帝国失了地中海的海上霸主地位，欧洲人从此成为主演海洋戏剧的主角。

勒旁特战役是16世纪联盟作战的典范，在此之前的所谓海战大多数是由海上发起的对陆进攻作战，还不具备海战的真正意义，而勒旁特战役则是这一时期为数不多的特例。马汉理论的核心内容早在勒旁特战役中就已显现出来了，卡斯泰认为它对法国的现实意义在于：一方面，面对国外强势力量欲成为欧洲中心这一不利的格局，法国急需寻找一个欧洲之外的盟友，以保护其广大的海外殖民地；另一方面，随着海洋地位的突出，各国都把海军当作国家利益的获取者与保护者，海上争端成为国家间冲突的主要原因，解决争端的主要手段就是进行海上战争。神圣同盟海军对土耳其海军的摧毁性进攻，其战略意义远大于战争本身。文章最后，卡斯泰用正统的海军思想总结道：集中兵力是优先考虑的原则，在没有彻底摧毁敌有组织兵力的前提下对敌陆上战略目标攻击是十分错误的，战略的首要目标是消灭敌有组织的兵力，使其不再成为需要考虑的因素。

应该说对勒旁特战役的研究仅仅是卡斯泰的一个研究分支，他主要关注的方向仍是战略问题，但战略从来就不是孤立的，武器装备发展所带来的战术变化一直是影响海军战略发展的重要因素，同时，战术问题也是影响海战胜负的最直接因素。欧洲局势的发展使得卡斯泰将目光投向了海军作战的另一领域——海军战术。

联合打击力量——海军战术问题的研究

日俄对马海战的结果使人们看到了大舰巨炮理论的成功。在法国，这一理论逐渐占据了主导地位，青年学派与历史学派之间的纷争也因此而暂时沉寂下来，那些推崇鱼雷战术的人不得不让位于巨炮战术论者。从战略筹划到战术使用，海上决战的思想已被广泛接受，如何才能在海战中取得最佳效果，各种提法不可谓不多，卡斯泰利用在海军高级军官学校学习的机会也对此作出了自己的解答。

卡斯泰将历史学派的战术思想总结为四个基本原则，即进攻原则、机动原则、兵力运用原则及联合打击原则。其中，"联合打击原则是上述四项原则中极其重要的原则"。他认为，机动是为了寻找敌方最薄弱的环节，而联合火力打击则是保证海战胜利的关键，其最终目的是彻底消灭对手。

所谓的联合海上火力打击是指同时运用舰炮与鱼雷对敌实施打击，卡斯泰指出，这在海战中具有十分重要的意义。"陆军拥有步兵、骑兵和炮兵，海军拥有舰炮和鱼雷，海军这两种武器之间的关系如同陆军兵力一样，只有相互配合使用才能发挥出更大的作用。"鱼雷这一新式武器，自出现的那一天起，就以其稳定性、自行性而受到青睐。但巨炮大舰的成功使得在法国曾广泛使用的鱼雷艇正逐渐淡出海战场。

正如长期以来，法国的政策始终摇摆于大陆政策与海洋政策之间一样，法国海军的装备发展也举棋不定于大舰巨炮和鱼雷小艇之间，决策者的指导思想不是过左就是过右。日俄对马海战的结果让法国海军又全面倒向了大舰巨炮论。

1910 年的法国海军作战手册出现了这样一种思维，即海战就是炮战，主炮对敌攻击是最高原则。尽管它也主张联合行动、火力支援、战术机动、节省兵力和对敌追击等战术动作，但面对强大的对手时，它首先强调的是抢占敌前"T"字横队。至于其他进攻力量，则基本处于微不足道的地位。鱼雷艇、潜艇更是成为一种摆设，作战舰队在行动中不允许其他兵力参与其中。

卡斯泰尽管也认可巨炮大舰论，但却并没有放弃对鱼雷武器使用的研究。他认为，一种新式武器的出现并得以使用，必然有其存在的理由。1364年英法克雷西战役后出现的炮兵，在当时并不被普遍看好，而今天，炮兵已经成为一支无法替代的作战力量。新式武器的出现与海军战术的使用之间有着天然的联系，"历史曾向我们展示了武器装备给陆地战场带来的种种冲击，我们可以通过简单的对比得出，鱼雷武器也必将对海战场产生巨大影响"。卡斯泰的这种观点似乎又回到青年学派曾经提出的观点上来了，即发展鱼雷艇是必不可少的海上打击手段，但其实两者之间有着本质的不同，青年学派强调的是一种防御，而卡斯泰强调的是进攻。

新式武器能否得到进一步的发展与推广，则完全取决于人的思想认识，"鱼雷武器的出现，改变了传统的海上作战样式和作战战术，它是工业技术进步的标志。从风帆船到蒸汽船再到无线电的出现，人们的思想似乎也出现了混乱并产生了一个时期的理论危机"。在法国，类似的事情也发生在新型造船材料改进上，但争议最大的还是鱼雷艇，是否使用鱼雷艇的问题再次让法国海军陷入装备思想混乱的状态。

为了解决上述问题，卡斯泰提出必须"建立一个强有力的装备运用理论，该理论要能够为武器的使用、发展、建设提供长期的指导，并能始终确保线路的稳定和富有成效"。很快，卡斯泰就开始着手进行这一雄心勃勃的理论研究工作，事实上，早在几年前他就思考过这个问题，但直到 1913 年进入海军高级军官学校学习时才正式实施。其研究结果的上半部分汇编成《海上联合打击力量》一书，于 1914 年 1 月出版，该书下半部分由于第一次世界大战的爆发而未能正式出版。

《海上联合打击力量》一书的前两章主要以论述 17 世纪海上战例为主，在研究了早期炮战、接舷战及纵火船攻击战这三种海上作战模式之间的相互联系后，卡斯泰指出，最早的英国人与荷兰人之间的海上争霸战由于既没有既定的作战计划也没有成形的战斗序列，海上作战更多的只是陆上战斗的延续，因而更谈不上作战力量之间的联合。第一次海上作战力量之间的联合出现在 1665 年洛斯托夫特战役，吕泰尔曾使用炮船与纵火船的合同突击战术，但由于在实际执行中的配合不力，最终并没有产生决定性的结果。1671 年，法国公爵维旺和迪凯纳在巴勒莫战役中成功地实施了不同种类战船的合同突击战术，这之后，海上合同突击战术才有了更多的运用。卡斯泰对此的总结是：

1. 联合打击行动可以使武器的有效性倍增。
2. 进攻时的联合行动至关重要。
3. 联合起来的武器可以取长补短。
4. 当进攻行动受阻时，联合打击行动可有效对其化解。
5. 集中指挥能更好地发挥出打击力量的联合效果。
6. 联合打击必须要取得先入为主的机动。
7. 时间因素对联合打击行动有重大影响。
8. 联合打击行动要做到令行禁止。

卡斯泰通过对历史的分析而得出的结论，即使在今天也是海上联合作战行动的重要准则，在这一点上，其思想的深刻性与超前性令人佩服。

在随后的章节中，卡斯泰对不同时期的海军武器装备从出现到消失进行了分析比较，指出，武器装备的出现总是伴随着作战的需求，而海战战术也在此基础上得以扩展。战术与装备之间的相互联系使得一些消失的武器有可能被重新加以利用，如早期广泛使用的冲角舰船在双桅战船时代几乎灭绝，但在蒸汽舰船时代又被重新加以改造利用。鱼雷艇也一样，并非过时的产品，武器装备的发展只要有了思想性就能发挥出它的效能。

1914 年 3 月，卡斯泰加快了有关武器装备发展理论的研究步伐，但最终只完成了上半部分共五个章节的撰写。后五个章节中有关鱼雷武器的论证、日俄战争对武器发展的影响、武器装备与军用材料的关系、当代武器装备的建立体系、武器装备未来的发展等内容他只留下了一些提纲。1914 年 8 月，战争的爆发彻底打断了他的研究工作，而在以后的时间当中，他也始终未能完成这项工作的研究。

战列舰论证方案

海军高级军官学校的在校学习时间为一年，每一位学员在学习期间都要完成三篇论文，分别是：作战战术思考、对 1914 年海上军事行动计划的补充、作战舰艇建造计划论证。由于第一次世界大战的爆发，1914 年的学员只在校学习了半年，所有学员中，只有卡斯泰完成了全部论文，而且是在战争爆发前就完成了。

三篇论文的前两篇大多充满了批评的口吻，尤其是对 1914 年海上军事行动计划，他认为该计划在战术上火力联合不够，军事行动的概念陈旧。"进攻只是一种表面现象，实际上，大多数舰艇仍是防御作战，在紧凑的队列中消极地等待机会的出现。进攻根本没有被有效地组织起来，也没有明确的进攻原则。没有任何对敌集火射击，更没有主动的敌前兵力展开，四分之三的兵力都处于防御之中。结论是：军事行动计划糟糕至极。"

第三篇论文实际上是一份论证报告，它从一个侧面反映了卡斯泰在武器装备建设与使用方面的思想认识。这种思想认识是他所追求的以强调进攻为原则的另一种具体体现，但又并不完全是进攻至上的原则，他要求的是一种整体性进攻，每一艘舰都要发挥出进攻的威力。论证报告由卡斯泰与几名同学组成的一个研究小组共同完成，其中，绝大部分内容都是他独自完成的。

随着工业技术的进步，造船工业也得到突飞猛进的发展，各种新技术都被应用到了战列舰上，1906 年出现的"无畏"级战列舰以 10 座 305 毫米口径主炮成为最新海上战神，它将战争的规模与水准提到了一个前所未有的高度，各海上强国都竞相开始发展无畏级战列舰。而法国海军在这场 20 世纪初军事革命的舞台上则成了配角，受前期小型作战舰艇思想的影响，海军仍在建造只有 4 座 305 毫米、12 座 240 毫米火炮的"当东"级战列舰。直到 1909 年，议会才接受无畏级战列舰需求的呼声，23000 吨的"固赫拜"级与"普罗旺斯"级将分别于 1914 年、1915 年服役，但它们的参数性能仍远低于同类型的英国舰艇。由于受船坞限制，吨位无法增加，相对落后的法国工业水平使得涡轮机还不能应用于大型舰艇，面对吨位与口径竞赛，法国的舰艇建造政策出现极大的摇摆性。有人提出发展快速战列舰，有人则提出建造重型战列舰，还有人坚持使用巡洋舰。

卡斯泰的研究小组首先对"里昂－图赫维勒"号战列舰进行了论证，该型舰是法国海军计划发展的新型战列舰，吨位29600，带有 4 座四联装 340 毫米口径主炮。通过对"里昂－图赫维勒"号各种性能的详细对比、分析，卡斯泰提出了自己的建造方案。

首先提出的是火炮类型。自英国"无畏"级战列舰按照"全部采用大口径火炮的原则"配置其武器系统后，各国纷纷采用相同的火炮配置方法。卡斯泰则提出了配置两种不同类型火炮的设想：一种为进攻型主炮，主要是通过巨大的爆炸威力突破敌方装甲防御，它是进攻的主要火力；另一种为摧毁性辅炮，用于集火射击，它的目的是使敌人彻底丧失抵抗力。两种火炮具有同等的重要性。在《18 世纪海军军事思想》一书中，卡斯泰曾指出：在强调火力打击的同时，我们却失去了不少最终消灭敌人的机会，大口径火炮无法抵近射击的缺点，使得战时可能需要一种双重口径的火炮。这就要求在采用进攻性主炮时必须保留辅炮，两种火力只有构成相互支持、不可分割的整体，联合火力打击的效能才能体现，这是从战术角度考虑装备问题的首要原则。

在主炮口径与射击距离的关系上，卡斯泰认为，射击距离是最大的因素。日俄对马海战已经充分显示出：最佳的射距为5000~6000米，超出这一范围，由于受观察器材、测距手段及准备时间的限制，作战效能将大大下降。"除了无谓的消耗，对敌人不会有任何打击效果。片面追求火炮的射击距离，实际上是一种希望能在最安全的范围内消灭敌人的消极做法。"另一方面，战列舰的装甲厚度越来越厚，最大厚度的如德国"凯塞尔"号已达到 350 毫米，而 340 毫米口径火炮在8000米距离时最大破甲厚度为 302 毫米，因此，过远的射击距离没有任何意义。

摧毁性辅炮被卡斯泰称作"炮弹喷洒器"，它的作用一是利用其快速的密集火力形成对敌持续打击，二是攻击敌鱼雷舰。通过综合考虑发射速率和毁伤效果，卡斯泰将这种火炮的口径定为 138.6 毫米。

论证小组设计的舰艇火力配置为：3 座四联装（共 12 门）340 毫米口径主炮，每门主炮配弹 120 枚，最大可以形成一个小时的连续射击；20 座单联装 138.6 毫米口径辅炮，发射速率达 100 枚/分钟，每舷 10 座，每座配弹 600 枚。这种火力配置足以对抗任何一艘国外超级无畏级战列舰。除了舰炮火力配置，论证小组还为这艘舰艇配备了鱼雷武器。鱼雷发射管可自由转向，以保证发射鱼雷时不受舰艇操纵的影响。6 具鱼雷发射管，每管配鱼雷 10 枚，其发射速度高于潜射鱼雷。设有鱼雷发射指挥部位，配备与舰炮相同的指挥系统。

卡斯泰还要求将舰体设计为带有冲角结构的舰体，尽管这种设计早已过时并差不多被彻底淘汰，但卡斯泰对它仍然十分看重。他认为，未来谁也无法知道是否会有冲角舰的再次出现，全面进攻的意义还包括面对面的厮杀。为了不增加剩余阻力，冲角的尺寸被设计得十分有限。

在完成舰体及武器系统的论证后，接下来的问题是舰艇速度。卡斯泰认为速度同样是一个极为重要的参数，但在速度与装甲厚度之间，他更愿意选择后者，"只要不太慢，速度并不会影响机动，应摒弃那种为了炫耀高速机动而牺牲其他性能的做法"。在这一观念的指导下，他的舰艇速度设计为 22 节。对速度的要求体现在主机性能上，他没有选择最新型的涡轮机，而是出于经济的考虑，选择了传统的往复机。

关于作战半径，要求能在整个地中海海区作战，能往返于非洲东部经大西洋至北海一线，因此，作战半径定为不低于 6000 海里。防护能力方面，要能抵挡 380 毫米口径火炮从 8000 米开外射来的炮弹，同时还要考虑来自潜艇的攻击，最终，水线以上装甲区厚度设计为 300 毫米。

基于建造能力的考虑，舰艇总吨位为 27000 吨，在国外船坞完成建造。

1915年，法国海军开始建造新一代战列舰"诺曼底"号，其建造方案与卡斯泰的论证结果基本一致。与国外同类型战列舰相比，"诺曼底"的设计思路仍显得有些保守：相对于英国、德国的8门380毫米口径主炮，12门340毫米口径主炮虽然在数量上占优势，但却无法保证攻击质量也同样占有优势；虽然考虑了近距离攻击，但所携带的弹药数量有限；冲角设计则是卡斯泰典型的陆弩意识的体现。海军上尉迪朗·维埃尔于1913年在海军高级军官学校学习时，也曾组织进行过战列舰的设计论证。相比较而言，迪朗·维埃尔更加注重舰艇速度，他宁可牺牲装甲厚度也要保证速度的实现。若干年后，卡斯泰被升为海军少将，而迪朗·维埃尔则已成为法国海军司令。卡斯泰与维埃尔，两位未来的海军高层人物此时却有了一次思想的碰撞。

对自己的论证方案，卡斯泰也知道存在不足，在火炮口径、防护能力、机动速度、经济水平与现有技术等因素中，无论强调哪一个因素都有其充足的理由，"诺曼底"号是对上述因素的综合与统一。随着战争的到来，已经没有时间考虑更多的细节，性能更加优秀的舰艇只能寄希望于未来。

第3章

第一次世界大战的遗憾

　　1914 年 7 月底，战争已迫在眉睫，海军部命令所有军官都回到自己的岗位并做好一切应战准备。卡斯泰放下手中的教学任务，重新回到了土伦港。此时，他又开始记日记（此前的所有日记在他 1905 年去意大利旅行时全部丢失）。这一段时期的日记记载了整个战争期间地中海区域的海军活动情况，日记大多充满了批评的意味。法国海军指挥官在整个战争期间的糟糕表现令人难以想象，他们甚至不知道如何正确组织一次对德国舰艇的有力攻击，但这丝毫不妨碍他们对战术问题的高谈阔论。法国海军的表现让卡斯泰神情沮丧，一些很小的事就能把他彻底激怒。他经常把自己当作一名指挥官，但实际上他不是。

在亚得里亚海和伊奥尼亚海

　　1914 年 8 月 1 日，卡斯泰被派往隶属地中海舰队的"当东"号装甲舰。按他的本意，他更愿意返回他曾经任过职的"贡德赫赛"号，不过这并不重要，在哪都一样，天性散漫的法国人还没有进入战争状态，一切都在慢条斯理地进行着，卡斯泰对此恼火得只想与人吵架。在日记中他写道："舰只、人员及装备都已就位，战前训练也在进行着，却丝毫没有临战迹象，许多行动的细节问题还没提到议程当中来，那种感觉就像是在远离战争的和平时期，莫非德国人放弃了战争，好让我们长时间在锚地休息？"

　　几天后，传来德国战列巡洋舰"戈本"号经地中海驶向土耳其的消息。这对协约国来说不是什么好消息，因为德国舰艇主要集中在北部地区，而此时，出现在地中海海域的德国人无疑会将土耳其人卷入战争，并对这一地区的海上航运产生不利的影响。地中海舰队接到了寻歼"戈本"号的命令。接下来的时间里，舰艇被编成了几个作战编队轮流执行搜寻任务。最初几天，编队没有任何收获，一开始就有的那种松懈现象在编队中开始蔓延。几天后的一个早晨，一艘大型舰艇突然出现在编队前哨舰的视野里，经辨认，正是要找的"戈本"号。消息被通报到编队中所有的舰艇上，卡斯泰认为一个绝好的歼灭敌人的机会来了，因为包括"当东"号在内，编队共包含5艘装甲舰、3艘装甲巡洋舰及4艘鱼雷艇，兵力在数量上占绝对优势。令卡斯泰没想到的是，得到通报的编队指挥官德拉佩罗尔却没有发出组成攻击队形的命令，接着，一个错误的命令又使编队队形出现严重混乱。

　　"戈本"号从一开始就意识到自己所处的不利局面，它先是向南航行，随后又迅速地折向东北方向，法国人的混乱给了它逃脱的机会。等到法国人稳住最初慌乱的阵脚，战机已经失去，航速达28节的"戈本"号已脱离了法国人的火炮射程，法国人此时使出浑身解数也已无济于事，最终，德国人脱离了他们的视线。

　　"戈本"号事件让卡斯泰既恼火又失望，而更让他感到不可理喻的是德拉佩罗尔指挥官决定派出一部分兵力去驻守马耳他。他在日记中写道："又一个愚蠢而可笑的做法。战争期间，把兵力配置在一个狭长的港口内无疑会极大地限制自身的行动自由，一旦入口被封，港内兵力将处于极其危险的状态。"

8月15日，海军部决定将舰队派往亚得里亚海区以消灭奥地利舰队，前往亚得里亚海区意味着要通过波黑南部的安第瓦里港，该港口由奥匈联合舰队控制，因此，必须派出部分兵力控制住意大利东南部的奥特朗托海峡以便对安第瓦里港发动突袭。8月16日，一支由12艘装甲舰组成的法国舰艇编队突袭了安第瓦里港外一艘小型巡洋舰"藏塔"号，并将其击沉，另一艘与"藏塔"号同行的奥地利鱼雷艇见势不妙则迅速逃脱了。这是法国海军在地中海海域取得的第一场胜利，但法国人并没有扩大战果，由于害怕遭受潜艇的袭击，编队随后又返回了奥特朗托海峡，并在海峡主口处设立拦截线，以扼守海峡为最终目的。卡斯泰对这种消极的防御做法既深感愤慨又无可奈何，"取得了胜利却又掉头回撤，这是什么混账逻辑？更何况还只是一个小胜利"。法国海军对奥地利舰队的进攻因退守奥特朗托海峡而彻底泡汤。"希望通过一条海上拦截线来对奥地利舰队实施进攻，真是愚蠢到家的想法，这是不折不扣的消极保守战术，再也没有比这更令人失望的做法了。"放弃所有的进攻行动更多的是出于政治上的考虑，为的是不要过分挤压意大利，使意大利最终能站在协约国阵营内。但实际情况却是，意大利人处在法、德中间，大耍两面手法，一方面与协约国讨价还价，另一方面继续向同盟国提供海上物资保障。"该死的政治"，卡斯泰无法改变任何他想改变的事情，只能把怨气发泄般地记录在日记中。

战争初期，法国地中海舰队基本上处于无所事事状态，士气低落，人心涣散。相反，陆地战场却激战正酣，卡斯泰甚至产生了投身陆地战场的想法，"离开这里，不再看到那些愚蠢的事，也不再看到那些无能人所指挥的战斗"。然而，事情远没有结束。8月底，势如破竹的德国陆军逼近了巴黎，惊慌失措的法国政府已准备逃离巴黎转向波尔多。战争对法国似乎十分不利，而法国海军却依然无所事事，分散配置在各个港口实施所谓的保存实力策略。9月1日，奥特朗托海峡编队接到报告，附近海域可能有敌潜艇活动，编队指挥官决定连夜撤出奥特朗托海峡。就在当天，陆军的防线也退到了埃纳河一线。卡斯泰在日记中形容这一天为"最黑暗的一天"。11日，霞飞将军组织法国陆军成功地在马恩河一线击退了德国人的进攻，马恩河战役使战争的天平倾向了法国一方，始终担忧法国前途的卡斯泰，此时舒了一口气，但同时又为法国海军没能积极发挥作用而惋惜不已。

马恩河战役虽然阻止了德国人的陆上攻势，然而攻守双方都付出了沉重的代价，战争仍在继续。无所作为的地中海舰队此时士气极为消沉，官兵们考虑的不是战术而是自己在前线作战的亲人、朋友，越来越多的军官谈论退役一事。12月21日，一艘装甲舰在亚得里亚海区遭到德军潜艇的鱼雷袭击，舰队的士气再一次受到沉重打击，1914年在惶恐与不安中过去了。

达达尼尔海峡与卡斯泰计划

1915年2月，地中海舰队总算迎来了它的任务——夺控达达尼尔海峡。这一作战计划是由英国人负责制订的，其目的是通过对达达尼尔海峡的控制，达到占领伊斯坦布尔，最终建立一条经博斯普鲁斯海峡连接俄国和地中海的海上军备物资供应通道。对于地中海舰队参与英国作战计划一事，卡斯泰表现出极大的不满与抵触情绪，不是对作战本身有不同看法，强调士气与进攻的卡斯泰不会放过任何可能的参战机会，让他耿耿于怀的是作战计划中地中海舰队的地位。整个作战行动完全由英国人指挥控制，法国人只是"处于一个不起眼的位置，当英国人进攻时，法国人如同一个守大门的，舰队指挥官成了英国人手下无足轻重的小角色"。他对同事发泄道："我们可真是丢尽了脸面！"卡斯泰认为，既然夺控达达尼尔海峡也是法国的需求，那么理所当然，应该由英、法两国海军共同制订作战计划，法国海军在行动上要有相对的独立性。但对战争失去信心以及精神上的彻底失败，使得法国海军毫无斗志，"由于指挥官的无能才导致这一令人失望透顶的结果出现，全世界可能都在看我们的笑话"。

在卡斯泰眼里，参与作战的英国舰队就像一支冒牌货，并没有表现出一流舰队应有的特点，"舰体保养状况参差不齐，一些武器装备似乎根本就没进行过保养。鼎鼎大名的'老人星'号战列舰上，主炮炮闩竟然锈迹斑斑，更别说装备上的种种缺陷。这些令英国设计师沾沾自喜的舰艇简直就是一堆废铁……英国人的训练水平也远不如想象中那么高深，多格海岸战斗的失利就足以说明这一点，从战略的角度来看，英国人的错误一开始就隐藏在作战指挥过程中"。"英国海军的士气不比我们好到哪去，事实上，他们可能比我们更恐惧"。

由于无法改变指挥官的决定，卡斯泰只有将他的想法写成文章。1915 年 3 月 1 日，他以论文的形式写下了自己的达达尼尔海峡行动计划。在文章中，他首先对英国人进攻达达尼尔海峡的计划提出强烈的抨击，指出，从军事上看，进攻行动将导致十分不利的兵力分散，而政治手段却没有事先得到充分的利用，殖民帝国的穆斯林盟友"表现很好，他们的忠诚并没有受到伊斯坦布尔敌对势力的干扰"，这一点可以加以利用。从地缘政治的角度来看，意大利人无论加入哪一方都将会加强自身的政治和军事联盟力量，因此，通过积极的外交促成奥地利、罗马尼亚和保加利亚弃权至关重要。除此之外，俄罗斯的参与和承诺也同样非常重要。

关于攻击达达尼尔海峡，他认为，单纯的海上攻击行动是不够的，有必要扩大军事行动的范围，"在这种情况下，达达尼尔只是其中的一部分"。要得到伊斯坦布尔，就必须提前做到以下几点：一是来自于海上的所有补给通道处于畅通状态，而保证这一状态实现的前提是封锁博斯普鲁斯海峡和与达达尼尔海峡毗邻的沿海地区；二是在伊斯坦布尔的东方，即小亚细亚地区提前布设兵力；三是拥有马尔马拉海区的制海权，以削弱达达尼尔海峡外围的海军力量。要想取得战役的胜利，一支海上作战舰队必不可少，但仅有海上力量是不够的，还应当考虑到陆上兵力的作战行动。在参战兵力数量上，他提出，至少需要 24 艘战列舰和550000人的作战兵力。

在文章的最后，卡斯泰指出，如果盟国不想作这样的努力，"将不会有别的解决办法，任何一个条件不成熟，都会降低进攻效能，产生难以预料的结果。一旦失败，其后果将是相当严重的"。

攻占伊斯坦布尔的行动按照英国人制订的计划如期展开。按照该计划，英法联合舰队先用舰炮火力逐次摧毁土军海岸炮连和要塞，然后扫除海峡水雷，并突入马尔马拉海，最后攻占伊斯坦布尔。但德国与土耳其联军统帅部很快就获悉了英、法进攻达达尼尔海峡的计划，遂将土耳其第一、第二集团军的部队从博斯普鲁斯海峡地区调往达达尼尔海峡地区，大大增加了要塞炮兵和海岸炮连的火炮数量，同时还布设了 10 道水雷障碍，以加强海峡海岸防御。1915 年 2 月中旬，英法联合舰队在利姆诺斯岛穆德罗斯湾集结完毕（包括战列舰 11 艘，战列巡洋舰 1 艘，轻巡洋舰 4 艘，驱逐舰 16 艘，潜艇 7 艘，飞机运输舰 1 艘），2 月 19 日，联军开始炮击土耳其外围阵地。由于土军进行了强有力的火力反击，故长达 6 小时的炮击效果甚微，随后实施的炮火突击也未奏效。为了达到战役目的，英指挥官把集结在达达尼尔海峡地区的联合舰队全部兵力都投入了战斗，但始终无法攻入海峡。3 月 18 日，联合舰队在德罗贝克海军上将指挥下试图重新突入达达尼尔海峡，仍未奏效。不得已，英法联军决定放弃单纯使用海军作战的方案，改由登陆兵先夺取加利波利半岛和达达尼尔海峡地区的筑垒工事，以保障舰队突入马尔马拉海，然后从陆上和海上实施突击，攻占伊斯坦布尔。8 月，英法联军的第二阶段战斗再次失利，保加利亚决定与德国结盟参战。1915 年年底，德奥联军和保加利亚军队在巴尔干击溃了塞尔维亚军队，希腊全面倒向德国。英法联军停止了达达尼尔海峡战役，攻占伊斯坦布尔的行动最终以英法联军的彻底失败而告终。

战争的结果与卡斯泰的预测出现了惊人的吻合，联军在没有足够的力量和对战场态势评估严重不足的情况下，发动了一次纯粹的海军作战行动，实际上已经造成了无法挽回的错误。第二阶段的战斗，一开始就注定了其终将失败的结局。

达达尼尔海峡攻击任务主要以英国舰艇为主，卡斯泰所在的"当东"号装甲舰并没有加入攻击行动，卡斯泰此时的心情只能用百无聊赖来形容，"整天都在抛锚，日子过得淡而无味。我们没有任何行动，除了掰手指头。尽管大家都知道奥地利人正在不远的某个地方窥视，但我们与陆上的联系，不仅仅是后勤补给，甚至还有大量的军官上岸散步、拍照、购买明信片。我们是否真的处于战争状态？我们是在地球上还是在火星上？一旦这个平静的梦醒来，我们该如何面对？"

由于英法联军放弃了达达尼尔海峡的攻击，进入亚得里亚海的阻拦线也随之被迫南移。卡斯泰对这种消极保安全的做法感到无比愤慨，他认为这将会"带来更加严重的战略性失败。撤退无疑会导致敌方潜艇可以大摇大摆地出现在南部海区，并直达伊奥尼亚（意大利南部至希腊的海域，又称爱奥尼亚）海区，对手的控制范围会成倍地扩大"。

战场指挥官的软弱无能让卡斯泰在深感失望的同时也深深陷入无奈之中，他觉得自己尽管有着这样或那样的想法，到头来却是无人理会。他完全是从军人的角度，从战争的角度来思考问题的，所得出的结论哪怕能有一次实践的机会也可以让他略感宽慰，但他始终没有丝毫的实践机会。硝烟弥漫的战场令他热血沸腾，他多次想过要在这样的背景中施展自己的才能与抱负，却总是如竹篮打水一般，战争与他近在咫尺，却又如此地遥远。

5月29日，英、意、法三国就兵力结构问题举行会议并达成协议，法国海军地中海舰队成为英、意海军的保障部队，这实际上是降低了法国海军的地位。"很显然，由于我们的无所作为，过去的十个月非但没有提高我们的威望，反而使我们失去了主动权。我们不但要听从英国人的指挥，还要听命于意大利人，这简直是种耻辱！"客观地说，卡斯泰算不上是一个狂热的民族主义者，他所追求的是法国应有的大国地位。在他的心目中，法兰西文化曾代表了全欧洲最先进的文化，这种文化的先进性成就了法国独特的大国地位，而大国地位也包括军事上的话语权。虽然英国以不可争辩的事实成为海上霸主，但法国海军也同样有它的尊严。

远东部队

在"当东"号上的日子令卡斯泰厌恶至极，唯一值得安慰的是，经过一再要求，他终于获准调离这艘船。1915 年 5 月 14 日，他重新回到"贡德赫赛"号任航海长。他原以为这艘巡洋舰能参加战斗，但他的希望再次落空。无所事事的日子让卡斯泰越来越难以忍受，他决定另谋出路。

虽然没有向任何人提过，但有充分的证据显示，为了能调换到一个满意的工作岗位，卡斯泰曾经寻求过莫里斯·萨罗的帮助，后者利用手中的影响力，将他调到了远东部队司令部任参谋。在离开"贡德赫赛"号那天，恰好德拉佩罗尔上将的调离命令也到了，虽然对德拉佩罗尔上将在担任地中海编队指挥官期间的表现甚为不满，卡斯泰还是参加了为他的离任而举行的欢送会。德拉佩罗尔上将说他是自愿离开编队指挥官这一职位的，但关于他实际上是被解除职务的传言，即使在欢送会上也能听到，"他也许要为他 15 个月以来糟糕的指挥而不得不付出代价了"。

卡斯泰很快来到了位于希腊北部萨洛尼卡湾东北岸的塞萨洛尼基港法国远东部队司令部，担任司令部第一办公室参谋官，主要负责战场联络。他的工作才能再次得到了展示，司令官萨哈耶将军对他的工作能力大为赞赏，他也因此而得到一枚棕榈叶十字勋章。

作为战场联络参谋官，卡斯泰仔细研究了远东部队所处的位置，很快他就得出结论，"远东部队最大的弱点是防御，我们不能过分相信希腊人"。早年实习时希腊人给他留下的印象仍让他记忆犹新，战争的爆发使他对希腊人不抱信心，保加利亚的参战更是加强了他的这种看法。不久，希腊爆发大规模的反法示威，法国关闭了其在希腊的领事馆、发电厂，其工作人员也在远东部队的掩护下全部撤回法国。

事后，卡斯泰总结道："我们完全可以采取更加有力的措施来制止上述事件的发生，那一地区的和平对维护我们在大西洋、地中海的局势至关重要，这种和平将是一个单纯的停火协定，它可以持续数年的时间以保证我们在那一地区获得更大的势力。"此外，卡斯泰还对法国的希腊政策提出了批评，他认为法国政府在希腊问题上缺乏战略性的思考，最终导致两国的对立。

战争从爆发到现在，卡斯泰有了太多自己的观点与看法，但他的这些观点似乎难以到达高层决策者办公桌上，大多数情况下只是停留在他的日记中。当战区最高指挥官赫甘来到塞萨洛尼基港视察时，他总算有机会直截了当地向这位最高指挥官提出自己的意见。

面对赫甘指挥官，他省去了自己认为不重要的话题，尽管那些话题也同样值得讨论。他着重从整个欧洲战场来考虑法国的战争进程，他谈道："就整个战争而言，从一开始我们就出现了重大错误，主要体现在两个方面，一是我们的进攻方向选择在并无优势的阿尔萨斯、洛林地区，而敌人则选择了极具优势的比利时；二是作战部队的使用存在缺陷，我们的后备部队没能得到充分利用，并且他们装备陈旧、人员缺乏，应该最大限度地调动起后备部队。"

赫甘在听完卡斯泰的汇报后，对他的意见作了如下回复：

1. 对东部战场的重要性理解不够。

2. 固执地接受已被军队否定的《法兰西前线报》的观点，增加兵力的做法只会导致更多无辜的人失去生命。

3. 目前的主要困难是凡尔登地区，两个月前就已经遭到德国人的猛烈攻击，海军无法解决陆上问题。

上述回复其实是对卡斯泰个人的批评，如果说这些只是从军事角度出发作出的批评，那么回复结尾部分则是从品行上给予的评价，而且措辞严厉：

1. 有相信谎言的倾向……

2. 逃避责任……

这绝对不是一个光彩的评语，或许卡斯泰对陆上战场的情况掌握真的是不全面，但他的战略性思考并不为过。而从另一方面说，制止战争，减少死亡、流血是更高层次的政治问题，一旦爆发战争，其目的就是要取得胜利。至于相信谎言、逃避责任，更是对卡斯泰的误解。与战区最高指挥官赫甘会谈的结果出乎卡斯泰的意料，也使他那颗年轻气盛的心略有收敛。卡斯泰变得沉默少言，但他的思想却从未停止活动。

1916年6月2日，日德兰海战结束，德国人率先发布了胜利公报，而英国人发布的则是伤亡统计，卡斯泰的第一印象是"英国人遭遇了严重的挫折"。三天后，日德兰海战的真相得到确认：德国人的损失远大于英国人，英国人顿时沉浸在自己的胜利之中。卡斯泰则通过对这场战役的分析看到了海战的另一个重要问题：海上交通运输的保护。

"日德兰海战中，一艘德国潜艇在水面航行状态下用机关炮击沉了一艘英国补给船，显示出保护海上交通运输同样至关重要，应该提高运输商船的武装程度，并使其组成有序的运输船队。"

关于海上运输船队的问题，卡斯泰此时并没有做太多研究，远东司令部参谋的任期已到，新的任命正在等待他。萨哈耶将军对他的离任感到很遗憾，尽管将军本人也看到了赫甘指挥官的评语，但这并没有改变他对卡斯泰的欣赏。在他的建议下，卡斯泰临行前获得了一枚荣誉军团勋章，"以表彰其在远东部队司令部所做的工作"。

卡斯泰对自己的期满离任感到十分高兴，因为他"已经受够了机关的工作，大海正在发出召唤"。

在"牛郎星"号上

能够重新返回大海并指挥一艘作战舰艇，一直是卡斯泰最大的心愿。现在，机会来了，1916 年 8 月 12 日，卡斯泰被任命为"牛郎星"号巡洋舰舰长。该舰是一艘新下水的轻型巡洋舰，8 月 31 日完成人员配备，9 月 5 日进行了第一次海上试航。由于处于战争状态，所有新下水的舰艇必须尽快投入使用，因此，试航时间大大缩短，只进行了四天。然而卡斯泰早已按捺不住，迫切盼望能旦日接管该舰。9 月 9 日，试航结束，大多数设备都运转正常，只有锅炉等设备存在不少问题，船厂的工人经过近一周的抢修，直到 14 日该舰才正式出厂。10 月 23 日，"牛郎星"号在布雷斯特港配备齐所有的武器装备并进行最后一次的维修后，依令驶往地中海，10 月 28 日，开始了它的第一次海上执勤。

"牛郎星"号的主要任务是巡逻，以保障进出土伦港的商船免遭德国人的偷袭。巡逻航线被固定在运输船队的航线上，每天，卡斯泰指挥他的舰艇往返于两点之间，尽可能地搜寻海面上出现的可疑情况。然而，一切都很平静，德国人还没打算在地中海展开更大的海上行动。刚一上任时的那种热情与兴奋很快就随着单调的巡逻航行而渐渐消失。来自情报部门的通报显示，德国潜艇可能就在附近，卡斯泰下令"牛郎星"号离开固定巡逻航线，试图搜索攻击敌潜艇。但几天下来，始终没有任何成果，舰队指挥官命令他不得擅自行动。通信的不畅，情报的迟缓，使得卡斯泰根本无法了解海上的基本态势，他开始变得烦躁不安。"我甚至不知道那些共同参加护航的舰艇是否每天都出来了，它们又都在哪儿？整个计划乱得像一锅粥，真是妙极了。"面对这种毫无意义且愚蠢的所谓猎杀潜艇计划,任何人都难以展示出他的热情与能力。而德国潜艇的威胁却又是真实的。"我们每天像傻瓜一样在大海上航行二十几个小时,却不知道为什么。也许德国潜艇正从南非的好望角赶来,我们等他们主动送上门,如同等待烤架上的烤肉,现在肉还没熟,需要耐心等待。"

在卡斯泰看来,三千多吨的"牛郎星"号巡洋舰此时真的如牛郎一样,干着令人厌倦、乏味、可憎、毫无益处的拖网渔船般的工作。"今天,在巡逻过程中,我又命令我的军舰两次潜出搜索,希望找到点什么,但每一次都是无功而返,指挥官再次命令我们保持航线。我知道,我们只能是巡逻兵或是哨兵,我真是受够了。""本来我们还有信心去主动攻击敌潜艇,但巡逻命令让我们精疲力竭。除了人员的精力、体力消耗,每天的煤炭消耗量也同样让人心痛。如果说巡逻有什么军事上的收获,那就是比别人更愚蠢了。"

1917 年年初,战争的态势出现了新的变化,德国在凡尔登战役的失败,使得德军总参谋长冯·兴登堡意识到德国正在输掉战争。对于德国来说,潜艇战成了最后一张王牌。德国海军高级将领大肆鼓吹无限制潜艇战的效果,指出,如果实行无限制潜艇战,英国每月将损失 38% 的海上物资,6 个月内便可迫使英国投降。德国一些经济学家也作出估计,如果连续 5 个月每月击沉 60 万吨商船,把中立国的船队从英国赶走,英国就会陷入饥荒。1917 年 1 月 9 日,德皇威廉二世宣布,从 2 月 1 日起,全面开始无限制潜艇战。

一开始,德国仅投入 25~27 艘潜艇经常活动在英国的交通线上,其后几个月潜艇的数量大大增加,随之而来的是协约国尤其是英国商船队的损失也逐日上升。仅从 2 月到 5 月的 4 个月中,协约国与中立国方面商船吨位损失总数达 260 万吨左右,而德国只损失 16 艘潜艇。无限制潜艇战几乎迫使英国屈服，英国舰艇再生产能力仅占已损失数量的 10% 左右。前线部队的必需储备已消耗殆尽，而英国本身也处于经济枯竭的边缘。1917 年 4 月，英国海军司令杰利科向海军大臣指出："如果战争是以没有保障的交通线为根据，其结果必然是不幸的。在这种情况下，惨败不可避免，而我们目前的政策正在直接导致惨败……如果不考虑这一点，那我坚信战争必定打败，英国人民都将饿死。"

从军事态势、海上运输、经济状况及部队士气等因素综合来看，卡斯泰认为"德国无限制潜艇战的破坏作用正在加剧，如果没有采取更好的对策，我们不得不首先要考虑到协约国可能面临的食品不足及经济窘迫状况"。为了同已经不受任何国际法约束的德国潜艇作斗争，协约国特别是英国采取了多种反潜措施：动用大规模的海军水面舰艇反潜，改装商船和渔船进行反潜，使用深水炸弹和水听器，派出重兵封锁和破坏潜艇基地等。但所有这些措施和办法都没有产生明显效果，有些还以失败告终，如封锁基地。卡斯泰的心情越来越坏，他总结道："协约国将很快接受德国人提出的谈判条件。"在陆地战场上，法军正计划进行一次对德军的大规模进攻行动。6 月 14 日，法军尼维尔元帅指挥了第二次埃纳河战役，但这次战役却以法军的失败而告终。接着，俄国发生国内革命，并宣布退出战争，这使得德国有能力抽出更多的兵力西线作战。卡斯泰对战争充满悲观的看法："即使美国人参战，对战争的进程也不会有任何改善。我们也可以让中国人、因纽特人甚至是火星人加入战争。没有人想去改变这一切，也没有任何从军事角度出发的决定，这种稳定的状态也许会持续几个世纪。德国人明显处于一种广泛的防守反击状态。"

尽管没有正确的军事决定，但并不意味着战争会无休止地进行下去。因为战争的持续并不完全取决于前方战场，很大程度上是后方保障决定了战争进程。对于欧洲战场而言，后方保障更多的是依赖海上交通运输线的畅通。德国人比其他欧洲国家更清楚地认识到这一点，无限制潜艇战如果成功，欧洲人的灾难会加剧；如果失败，德国人将输掉一切。反潜护航成了协约国海军的主要任务，1917年年底，协约国采取了统一行动、集中指挥的伴随护航方式来对付德国潜艇，这种做法终于降低了德国潜艇的威胁。但卡斯泰却没能参加这一系列的海上行动。

1917年年初，地中海巡逻编队指挥官在向海军部上交的总结报告中对卡斯泰作了如下评价："我们不知道他在其他方面的能力是否也十分卓越，但他的工作劲头以及对整体态势的把握能力显示出，在战时他应该到一个更合适的岗位工作，一个比巡逻舰舰长更重要的职位。"报告还推荐卡斯泰到海军部工作，不久，海军部接受了推荐。1917年7月，卡斯泰被提升为海军少校并被调离了"牛郎星"号，结束了9个月的舰长生涯。这期间，他的舰艇只发现过一次德国潜艇，而这艘潜艇最终又摆脱了追杀。

从海军部到航空兵大队

在海军部工作期间，卡斯泰先是担任潜艇局参谋。该局是在议会的强大压力下而成立的部门。一个时期以来，议会认为海军部在反潜方面措施不力，因而强烈要求成立以反潜为主的潜艇局。但该局的组成人员却是一群舰队决战论者，对于反潜护航完全是外行。卡斯泰于是向局长提交了一份报告，报告由两部分组成，第一部分以他在"牛郎星"号上的工作经历为依据，指出固定航线的巡逻方式并不能有效地实施反潜，巡逻兵力的分散配置大大降低了其对商船的掩护能力。当巡逻舰艇发现敌潜艇需召唤其他舰艇共同反潜时，往往会失去战机。巡逻可能会对敌潜艇形成一定的干扰，但却构成不了有效的威慑。报告的第二部分建议潜艇局开展编队护航训练，用尽可能多的反潜兵力采取伴随护航的方式降低潜艇的威胁，这种方式事后被证明十分有效。报告上交后的第二天，卡斯泰就离开了潜艇局，新上任的海军部长肖梅特将他调到部长办公室担任自己的随从副官，他实际上在潜艇局只工作了四天。

卡斯泰因此又回到了战前就已工作过的部长办公室。这一次，他的主要职责是充当海军部长与议会海军委员会之间的联系人。这项工作对他来说不无讽刺意味，议会在他眼里是一个只会干扰军事行动的机构。"为了行政权力，议会委员会成员在我们头上指手画脚。他们在军事上表现出的是无知、轻率、自负和无能。看看战争最初 6 个月法军的优势，就是因为不存在议会的干预。"很显然，卡斯泰并不喜欢这项工作。

委员会的一项重要职责就是对战争过程实施全面调查，其中，有两起军事指挥错误引起了委员会的高度重视。这两起指挥错误分别是 1914 年护航行动遭袭事件和 1916 年雅典军事行动失败事件。卡斯泰作为军方代表被授权参与这两起事件的调查。

第一起事件，主要是调查地中海舰队指挥官德拉佩罗尔上将在输送驻阿尔及利亚第十九军团的航渡途中是否正确地组织了有效的保护行动，此次行动曾遭到德国"戈本"号及"布雷斯勒"号潜艇的伏击，委员会认为德拉佩罗尔在此过程中犯有严重指挥错误。卡斯泰在他的日记中不止一次地发泄过对德拉佩罗尔上将的不满，尤其是在亚得里亚海区追击"戈本"号行动中，德拉佩罗尔上将的犹豫及措施不当直接导致了追击行动的失败。尽管如此，作为军方调查代表，卡斯泰在调查德拉佩罗尔上将时并没有加入自己的意见，他只是就事论事地将调查结果作了如实汇报。然而，他不知道，这种做法却无形中引起了另一个人的不满。

对德拉佩罗尔上将的指证主要来自卞耐美上将，后者一心想取代德拉佩罗尔上将的位置担任战时海军司令。卞耐美上将曾暗示过卡斯泰：调查事件的处理会让他有更好的发展前途。卡斯泰对这句话却未加理会，他可以区分历史学派与青年学派间的观点纷争，也可以理清不同战术间的细微差别，但却无法理解军队高层错综复杂的关系。这或许是他始终止步于权力之外的重要原因。

第二起调查事件更是让卡斯泰感到难以为继，事件涉及了太多的政治因素。第一次世界大战爆发后，希腊首相维尼泽洛斯主张希腊加入协约国一方，但遭到国王康斯坦丁的反对。1916 年 10 月，被国王免去首相一职的维尼泽洛斯另立政府与雅典抗衡。康斯坦丁国王绕过法国政府，以加入协约国为许诺，向驻扎在远东的法国海军第三舰队司令福赫奈少将发出了求救。信以为真的福赫奈少将随即率领作战舰队开赴雅典，在遭到雅典民众大规模抗议后，他的这支部队毫无作为地返回了基地。法国议会认为福赫奈少将擅自行动，令法国外交蒙羞，而法国政府在这一事件上则态度暧昧。对福赫奈少将的调查实际上成了议会与政府间的争斗。作为海军代表，海军部当然希望卡斯泰能站在政府的立场上，但议会提供的证据表明，海军部在此事件中也同样存在意图不明、处置不当的过失。所谓的调查其实就是平衡两大机构间的利益关系，如何在这一调查过程中使海军利益不致受损。当然，如有可能，通过这一工作使自己获取更大的利益，从而受到海军高层的赏识才是最为关键的，卡斯泰显然不是此中高手，他已经"十分厌倦这种纠缠不清"的调查了。

然而，事情还远未结束，1917 年 11 月，卡斯泰作为秘书参加了协约国海军协调会。会上，他第一次见到了协约国海军的最高领导人，但这次见面并没有给他留下好印象。英国海军大臣杰利科"显得十分愚蠢，提不出什么有价值的意见。他们的海军部长埃里克·格德斯，公认的强硬派，看上去并不聪明而且似乎没受过更高的教育"。以谨慎低调闻名的美国海军参谋长邦松，说出来的都是些不着边际的话，不知道"他的大脑中到底装满了什么东西才让他表现出如此的深思熟虑"。只有美国驻欧洲海军总司令西姆斯说出来的话还"像那么回事，但却又不无尖酸刻薄"。除了这些大人物让他感到失望，会议本身也让他感到无聊。协调会本该就如何加强协约国之间海上协同作战能力、共同打击同盟国海军等问题进行讨论，然而，会上却充斥着彼此间的争吵，"没有任何有新意的观点，也没有形成任何决定，除了前进还是前进"。会议的第二阶段是讨论协约国之间海上协同作战问题，"我们花费整天的时间来审阅和制定海军协同措施，对一些细节的过分挑剔，使得讨论成为空洞无用的拜占庭式讨论。最后，大家只盼望会议早点结束以便去参加部长的午宴"。

海军部的工作繁杂无章，面对这一切，卡斯泰唯有不停地写作才能排遣心中的不快，也唯有写作才能将他的心境从各种纷杂的事务中平静下来。他很少参加同事的聚会，也几乎从不参加各类社交活动。工作之余，他的全部精力都用在了军事理论的撰写上，《海军参谋部》一书正是在这段时间内完成初稿的。

1918 年 7 月 10 日，卡斯泰晋升为海军中校，同时还被任命为地中海海军航空兵巡逻大队指挥官。带着新的希望，他走向了更高一级的工作岗位。

离开巴黎后，他首先前往罗什福尔海军航空兵学校进行为期一个月的任职前培训。生平第一次，他乘坐水上飞机体验到了空中飞行的感觉。学习结束后，他来到了位于土伦的海军航空巡逻队。航空巡逻队是个新成立的部队，主要配备为水上飞机和飞艇，担负沿岸反潜巡逻任务。对于法国海军来说，航空兵力的使用还是一个新鲜事，由于技术的限制，航空兵还不是海军主要兵力。对卡斯泰来说，这一阶段的经历对其后来思想理论的发展起到了相当大的作用，正是由于有了这一段经历，他发现了航空兵这一新型兵力的巨大潜力。不过他的这种观点直到"二战"结束后才得出，在当时，他所看到的仅仅是航空兵的运输作用。虽然英国人已经将其"勇敢"级大型轻巡洋舰的三号舰"暴怒"号改装为世界上第一艘真正意义上的航母，但同大多数海军人士一样，卡斯泰并没有预见到航母在未来海战中的地位与作用。

　　1918 年 11 月 11 日，《贡比涅森林停战协定》签订，第一次世界大战正式结束，卡斯泰心中竟有一丝失落之感。毕竟，对一个职业军人来说，经历了世界大战却没能留下任何战绩，不能不说是一种遗憾。

第4章

第一次世界大战后的思考

战争结束后，海军表现出需对战争经验进行总结的迫切要求，这种要求促成了海军历史研究机构的成立。同时，由于战争而中断的海军高级军官学校也再一次敞开了大门。卡斯泰无疑是这两项工作的合适人选之一。

1919 年 1 月，卡斯泰被指派参与海军资料档案馆的建设工作并负责筹建海军历史研究处。繁杂的工作使他大部分时间都滞留在巴黎，前往土伦航空巡逻队的时间越来越少。新上任的地中海航空部队司令由于"既不认识也从没见过这位名叫卡斯泰的海军中校"，因而无法对他在航空巡逻队的表现作出任何评估，参谋部最终决定将他调离航空巡逻队。1920 年 9 月 1 日，卡斯泰被正式仁命为海军历史研究部主任。

走马上任后的卡斯泰将研究部划分为四个部门：历史处，负责史料研究；资料档案处，负责对历史资料的收集整理与汇编，这是卡斯泰最看重的一个部门；另两个部门分别是海军博物馆与海军杂志社。如同所有重视历史研究的伟大战略家一样，卡斯泰对他所领导的研究部寄予了极大的希望并投入了满腔热情。1922 年，研究部梳理完成并出版了第一部专题论文集，该论文集在法国海军理论界引起了巨大反响，其中，最具影响力的两篇文章《巡洋舰之战》《第一次世界大战海军史》均出自卡斯泰的弟子保罗·查克之手。尽管研究部的学术观点代表着传统的海军历史学派，但它并不排斥其他学派的观点。海军杂志上开辟有青年学派者的专栏，允许其发表不同观点的文章。在卡斯泰的不懈努力下，海军历史研究部逐渐成为法国海军理论界的权威机构，卡斯泰因此获得了一枚荣誉军团奖章。

在担任历史研究部主任期间，卡斯泰还被聘请为海军战争学院教授，利用讲课的机会，他做了大量有关海军发展建设的研究并撰写了两部产生巨大影响的著作：《潜艇战之总结》《参谋部之若干问题》。

潜艇战之总结

第一次世界大战结束后，战争中出现的新问题已经使早期的海战观点发生了深刻的变化。第一次世界大战显示出，在没有可靠兵力保护下的战列舰无法有效抵御鱼雷的攻击，潜艇兵力已成为联合火力打击中一支新型的重要力量。巨炮论者逐渐失去了往日的光彩，受到越来越多的质疑。从 1919 年开始，卡斯泰对他的《海上联合打击力量》一书手稿重新进行了修正，手稿上半部的五个章节继续保留，下半部则被完全修订为下述新增内容：

1. 鱼雷的演进（1880~1900）
2. 潜艇的出现（1900~1905）
3. 火炮的复兴（1905~1914）
4. 潜艇战（1914~1918）
5. 海军航空兵的诞生（1910~ ）

为了完成这部他曾经放弃过的著作，卡斯泰首先将第一次世界大战中潜艇的影响作为优先考虑的问题。在认真研究了德国潜艇的战术使用特点后，他对潜艇的作用有了新的认识，这种认识使他改变了以往对潜艇的看法。在高级战争学院期间，他曾以"联合兵力新观点"为题讲授海军战术这门课，这些讲课内容后来都陆续发表在《海军杂志》上。之后他将这些内容整理成《潜艇战之总结》一书，并于 1920 年出版。而《海上联合打击力量》一书的下半部分却因此而搁浅。

　　《潜艇战之总结》一书的序文部分指出：应该拥有足够数量这一令人生畏的装备，大量使用它们，利用它们的隐蔽性、机动性独立地完成各项任务并取得胜利，如同德国人曾经做过的那样。为了有效地发挥潜艇兵力的作用，与其他兵力一样，潜艇兵力也需要友邻兄弟部队的大力支持。德国潜艇之所以表现出其不幸的一面和在运动战中的失败，原因就在于他们事实上自始至终都与兵力联合运用的原则背道而驰。

　　小型联合舰队能够在某一地域引诱德国潜艇，在该地域他们拥有多种兵力攻击单一兵力的优势。小型联合舰队拥有火炮、榴弹炮、鱼雷及航空炸弹等多种攻击武器，这些武器能够在运输船队周围形成一道有效的防护圈。反之，只拥有鱼雷这一种武器的德国潜艇无法打破对手的防护圈，他必须要得到己方远洋舰队的支持。然而，远洋舰队的火力支持太过遥远，并且还不时受到（英国）大型舰队的威胁。据此，可以清楚地看出，联合防御是如何被组织起来的了。商船由于没有武器装备，依赖于水面及空中的护航兵力，同时也依赖于战列舰的保护能力，而战列舰的主战武器就是巨炮。这一切可以看作潜艇战的构成基础并扮演着十分重要的角色，还没有人，包括专家们，能够清楚地意识到这一点并将其应用于实战，联合反潜仍处于迷雾当中。

卡斯泰的这一观点实际上是对海战中逐渐下降的巡洋舰地位的重新定位。在《潜艇战之总结》一书中，他试图将正统的海战理论注入新的思想以反对青年学派所强调的潜艇至上论。经过第一次世界大战的冲击，潜艇鱼雷攻击成为法国青年学派主要观点之一。青年学派在海军中重新获得了影响力，他们的一些观点甚至对持正统海战理论的人也产生了一些影响。达弗律在 1919 年曾撰文指出：控制海洋必须依靠水面舰艇，而阻止对手海上行动的最好手段是潜艇。卡斯泰当时也认为，潜艇的首要作用就是防御，仅依靠潜艇任何时候都不可能取得最终的决定性胜利。直到后来，随着潜艇性能的不断提高，他才承认，"潜艇也是重要的进攻性兵力之一，它能够在一个高性能的推动器作用下实现攻击的意图。它所具有的攻击性已经显而易见"。

　　《潜艇战之总结》一书更多的是反映了卡斯泰早期的海军兵力运用观点，这些观点不仅体现出对潜艇兵力运用的由最初的怀疑到最后的肯定，也反映出他对航空兵使用上的怀疑。他曾指出："航空兵有其独立的特征，但它的使用却需要其他兵力的掩护。例如，当我们使用航空兵前往沿海地区实施轰炸，则必须将其装载于航母上，但敌人可能会使用水面舰艇编队中的驱逐舰对航母进行攻击，航母编队中的驱逐舰自然会进行反击，这样一来可能正中敌人下怀，我们的巡洋舰、战列舰从而会失去保护。"

　　仔细研究《潜艇战之总结》一书，可以发现，卡斯泰的一些观点存在着相互矛盾之处。一方面，他承认潜艇的攻击性是"令人生畏"的；另一方面，他又指出"潜艇其实并不如人们所想象的那样可怕"。同时，他还采用麦金德的理论观点指出：潜艇的出现将会导致海上交通运输瘫痪，陆上运输将成为主流，"国家战略的目的之一，就是要寻求对外交通畅通，如果有可能，海上交通运输不应该成为唯一的模式。从军事角度看，陆上交通的重要性远在海上交通之上"。

这些矛盾显示出：卡斯泰意识到潜艇潜在的进攻能力，但军事教令要求潜艇只能是防御性的，因为唯一的进攻兵力被指定为战列舰，卡斯泰自身无法改变这一结果。尽管存在一些异端学说鼓吹、夸大潜艇的作战能力，但它们最终也无法形成有效的影响力。潜艇的作用和它的实际使用之间存在着巨大的误区。

德国潜艇在"一战"中的使用令欧洲各国尤其是英国恨之入骨，英国人在凡尔赛会议之前大造舆论，以期在会谈中彻底消除德国潜艇的影响。卡斯泰不仅拒绝对德国潜艇进行谴责，反而为其进行辩护，他认为德国潜艇在"战争中表现得极为出色，德国人把他们的所有赌注都放在潜艇上，要求最大限度地击沉敌舰船。尽管潜艇攻击被认为是令人厌恶的行为，但使用武器本身是合理的"。正是这一论断，使得华盛顿限制军备会议上英、法两国冲突加剧。

与李勋爵之争

限制海军军备是华盛顿会议的重要议题之一。大会开幕那一天，为了使美国在裁减军备的争斗中取得主动地位，美国代表休斯就提出了限制海军军备的建议，劝说各国放弃原定的造舰计划。休斯的建议包括以下一些原则：

1. 全部停止正在执行或拟议中的海军主力舰造舰计划。

2. 拆毁一部分现役军舰。

3. 对有关各国现有海军力量加以考察并作出相应规定。

4. 以主力舰吨位作为计算有关国家海军力量的标准，配备辅助舰的吨位应与该国主力舰的吨位成一定比例。

根据上述原则，休斯提出以下具体的建议：

1. 美、英主力舰吨位总量各为 50 万吨，日本为 30 万吨，美、英、日主力舰吨位的比例为 5：5：3。

2. 削减已建成或正在建造的主力舰的数字，美、英、日三国分别只保留主力舰 18 艘、22 艘、10 艘。

3. 10 年内缔约各国不得建造主力舰，10 年后待服役之主力舰报废时，才能建造、补充新的主力舰。

4. 不得建造排水量超过35000吨的主力舰。

5. 法、意两国主力舰问题容后再议。

休斯在建议中，还列举了美、英、日三国应停建和拆毁的主力舰名单。

美国提出的上述方案，是对英国海军优势的挑战。第一次世界大战后，美国虽然发了横财，有了扩充海军、超越英国的很大潜力，但是，要真正压倒英、日，也非易事。所以，美国的第一步是争取做到与英国平起平坐。而通过限制主力舰吨位总量，英国主力舰的优势就将消失，这从某种意义上来说，就是美国的胜利。当时，英国已开始建造排水量为42000吨至45000吨的主力舰；美国还只能建造排水量为 33000 吨的主力舰。美国提出禁止建造排水量超过35000吨的主力舰，就是要从另一方面限制英国扩大海军军备，使美国的实力相对增强。同时，上述方案也是对日本的限制。

按照休斯的建议，英、美、日三国要拆毁已建成或正在建造的舰只共 66 艘，合计 187 万多吨。这在各国代表中引起很大震动。伦敦《泰晤士报》记者科洛内尔·雷平顿写道："休斯先生在 35 分钟内击沉的军舰，要比全世界的海军将领几个世纪所击沉的军舰还要多。"

在休斯的建议中，对法国、意大利主力舰吨位的总量没有提出确切的限额。当时休斯说："鉴于大战的非常情况，影响了法、意海军的现有力量，目前没有讨论两国主力舰吨位限额的必要。"对此，法国代表大为不满，认为这是对法国的轻慢。12月15日，即美、英、日三国宣布达成协议的当天，法国突然提出两个要求：一是法国须拥有主力舰35万吨；二是自1925年开始，法国将建造新主力舰10艘，每艘为35000吨，以防备德国的再起和保障法国殖民地的安全。意大利也要求享有与法国同等的权利。英国对法国的要求表示强烈反对，因为这违背了英国的一贯方针，即防止法国独霸欧洲，防止法、意两国的海军力量在地中海超过英国。由于英、法两国在主力舰吨位问题上出现严重分歧，休斯又提出了一个妥协的方案：法、意两国可各拥有主力舰175000吨。当时，法国已建成的主力舰有7艘，共164000吨；在此基础上要实现前述要求，需要军费4亿美元，这是法国所无力负担的。法国这样漫天要价，不过是以攻为守的一种手法而已。12月16日，法国代表接受了主力舰175000吨的限制要求。

在这次会议上，英国人取得了他们想要的结果，可谓大获全胜。法国的战列舰吨位被制约在了与战败的意大利同一水平上，这一结果让法国人如鲠在喉。不仅如此，更让法国人无法接受的是，英国人还准备进一步限制潜艇的建造数量，法国人被深深地刺痛了。

12月20日，在英、美、日、法、意五国达成限制主力舰吨位的协议以后，限制军备委员会接下来讨论了限制辅助舰的问题。按照美国人的建议，辅助舰被分为三类：第一类是包括巡洋舰、驱逐舰等在内的水上辅助舰；第二类是潜艇；第三类是航空母舰。会上争论最激烈的是潜艇的限制问题。

第一次世界大战中，潜艇曾大显神威。战后，一些国家都秘密地加速建造潜艇。休斯在建议中提出，英、美可各拥有潜艇9万吨，日本可拥有54000吨。这些限额，实际上已高于当时三国潜艇的吨位。英国对限制潜艇的态度最积极。因为英国所需大量物资全靠海外供应，仅粮食一项就有3/5依靠进口，保证海运畅通极为重要。第一次世界大战中，德国潜艇炸毁了大量英国商船，所以英国主张完全禁止潜艇。英国的主张首先遭到法国的反对。法国缺少建造主力舰的经费，为了保持海军实力，坚持要拥有相当数量的潜艇。法国代表表示，为了维持本国与殖民地及海外属地的联系，保障本国领土的安全，法国应拥有9万吨潜艇。日本、意大利和美国代表都同意法国的上述意见。针对法国的要求，英国代表贝尔福发表了演说，他说："英国之所以能同德国的潜艇进行斗争，只是因为德国没有足够的基地。基地遍布各地的法国，如果再拥有大量的潜艇，那可能要比德国对英国的威胁还大许多倍。"法国代表驳斥说，法国并未猜疑英国要以525000吨主力舰向法国施展阴谋，英国也不应因法国要求有9万吨潜艇而猜疑法国对英国怀有敌意。如果英国愿意废除主力舰，那法国就立刻废除潜艇。法国代表还讥讽说："英国从来没有利用本国主力舰来攻击法国，英国建造主力舰想必是为了打捞沙丁鱼。那么，何不让可怜的法国也造几艘潜水艇……来研究研究海底植物呢……"

英法两国在潜艇问题上唇枪舌剑、互不相让，对潜艇数量的限制问题陷入僵局。美国另一位代表埃里修·罗特再次提出对潜艇使用进行限制的提议。

12月30日，英国海军大臣李勋爵重新回到谈判桌上，并指出法国必须接受这一结果以消除法国海军司令部条令中不确定的因素，李勋爵在会上指出："这种不确定的因素通过一系列公开发表的文章，自1920年就出现在法国海军的官方杂志上。海军上尉卡斯泰（李勋爵把卡斯泰的军衔搞错了）曾详细论述过德国潜艇战理论并欲将之用于法国海军战略中。'拥有了潜艇就意味着拥有了某种工具，大英帝国海军拥有的海上主动权将不复存在'。卡斯泰上尉的上述观点都是在其担任海军司令部高级参谋时提出的，这些观点不仅出自他本人，还得到了海军司令奥博的支持。英国代表团强烈希望法国政府取消并放弃这一做法。我郑重建议，法国代表团能做的只有一件事，那就是接受罗特的提议。"

英国人这一指名道姓的指责立刻引起了轩然大波，也给了法国代表团一个措手不及。虽然法国欲通过发展潜艇来重建海军以确保在列强中占有一席之位，而且华盛顿会议各国代表在海军军备问题上各怀鬼胎也是心照不宣之事，但法国并不想就此挑起英、法之间直接的军事对抗，更不愿意背上一个发动战争的罪名。处境尴尬的法国代表团不得不对李勋爵的讲话予以澄清，代表团成员之一、海军上将德邦负责起草了一份带有道歉性的声明："卡斯泰上尉（德邦上将由于也搞不清卡斯泰的军衔，而错误地引用了李勋爵的称法）的观点只代表他本人，他的那些文章只是以一个普通作者而不是一个军官的身份来发表的。《海军杂志》的确是海军参谋部的官方杂志，但其涉及面广泛，文章的观点只能代表作者本人。卡斯泰上尉的文章什么都不是，既不是法国海军政策也不是军事教令。法国海军不会采取他所暗示的那种令人生厌的理论。"

法国代表团团长、殖民部部长阿尔伯特·萨罗批准了德邦上将的声明，并将该声明草拟成电报发往巴黎，要求国内尽快作出回应，以便进一步澄清此事，表明法国的意图。电报于周六晚到达国防部办公室，部长早已下班，办公室主任受理了这份电报。这位自以为是的办公室主任对卡斯泰一无所知，更不用说看过卡斯泰的文章了。在向代表团发了一份与德邦上将内容相似的回电后，他又通过海军部向卡斯泰发出了作出解释的要求。

此时的卡斯泰正在"让·巴赫"号战列舰上，他没想到自己的文章会成为被英国人利用的话柄，更没想到英、法会因此产生外交冲突。1922 年 1 月 5 日，卡斯泰向海军部长办公室主任提交了一份报告，认为李勋爵明显篡改了自己文章的原意。原文只是客观地阐述了德国海军思想，没有任何觊觎英国地位的野心。"李勋爵的观点完全建立在与事实不相符的基础上，他的这种断章取义的做法不外乎是为了混淆是非。"

　　卡斯泰这份充满申辩意味的报告此时显得有些无力，在英国媒体大肆渲染的攻击下，法国国内的一些报刊出现了对其不利的报道，甚至连海军战争学校的校长哈蒂少将，尽管与卡斯泰很熟悉，也对他提出了指责。哈蒂少将在给海军司令的一封信中写道："文章中那些充满挑衅的论述使我不得不重新评价卡斯泰，他的所作所为应由他本人负责。他没资格代表海军思想，也没资格代表海军高级军官学校。如果他还是海军高级军官学校的教官，那么他只配教初级参谋军官。"

　　在诸多报刊中，只有《法国运动》这家报社客观地报道了这一事件。1 月 4 日，该报社原文刊载了卡斯泰的文章，并指出，李勋爵显然错误地解读了作者的原意，对作者的指责是"一个巨大的谬论"。文章还对其他报社不仔细研究作者原文，却又不辨是非、人云亦云的做法进行了一番嘲讽。美国《纽约时报》在同一天发表了一篇类似的文章，认为李勋爵误导了大众的观点。法国媒体此时才意识到自己成了别人的笑柄，纷纷改变口吻转而支持卡斯泰。与此同时，英国媒体的态度也出现了转变，《陆海空军报》承认"这是一个不幸的错误"，《每日电讯》则认为李勋爵应向卡斯泰道歉。

　　事件此时已转向了对李勋爵的谴责，不过，这种谴责只停留在新闻界，在英、法两国的外交层次上，英国取得了巨大的胜利。为了平息外界对法国的指责，法国代表团于 1 月 5 日作出了全面接受罗特提议的声明，阿尔伯特·萨罗不但不对李勋爵的错误作出反应，反而宣称他只是放弃了一名海军军官的个人观点。接受罗特提议的声明传至国内，法国国内一片哗然。法国完全有机会在华盛顿会议上掌握主动，为自己争取更多的利益，但代表团的妥协使"法国看上去更像是一个屈辱的被告"。愤怒的卡斯泰对代表团提出了猛烈的抨击，并向法国议会提出拒不承认罗特提议的意见。最终，法国政府在华盛顿条约的签字书中并不包含同意罗特提议的内容。

这之后，卡斯泰与李勋爵两人间进行了两个多月的笔战，李勋爵自始至终都不承认自己的错误。阿尔伯特·萨罗则受到法国元老院的传询，他被指证外交软弱、在重大问题上作出了不应有的让步。这一事件使得卡斯泰从此声名大振，他的名字出现在英、美等主要国家的报刊上。虽然英国人连他的军衔都搞错了，但并不妨碍他的文章被转载。1922 年 2 月，他被提名晋升为海军上校。事件的另一结果就是，海军参谋部加强了对《海军杂志》的审查力度。

参谋部之若干问题

1909 年卡斯泰曾出版过《海军参谋部》一书，就参谋部的组织体制及编制等问题提出了大量改进意见，随后法国海军对参谋部实施了重大改革。但战争中参谋部所暴露出的种种问题表明，参谋部的改革并不全面，也不彻底，体制的不合理是造成作战指挥不畅、军令不通的重要原因。战争结束后，改革参谋部体制的呼声越来越高。1919 年 10 月，海军高级军官学校校长托米尼少将找到卡斯泰，经过一番长谈之后，托米尼少将向他发出了来校授课的邀请，卡斯泰欣然同意。

托米尼少将要求卡斯泰主讲的课程为"海军及参谋部的组织体制",而这也恰恰是卡斯泰正在思考的问题。《潜艇战之总结》一书完成后,卡斯泰很快就将全部的精力放在了非议不断的参谋部建设上。十年前出版的《海军参谋部》一书现在看来已经过时,书中所涉及的诸多观点有的甚至已经从根本上发生了变化,关于参谋部的组织体制等问题必须进行重新归纳整理。

在海军高级军官学校的授课时间长达三年半,上课所用的讲义均为卡斯泰就参谋部组织体制问题的思考结论。这些讲义后来又以论文的形式陆续发表在《海军杂志》上。1923 年至1924 年间,《参谋部之若干问题》一书正式出版,但这本书却没有取得商业上的成功发行。1926 年年初,出版商告知卡斯泰,到目前为止,该书第一卷只售出 268 册,而第二卷的销售量只有 201 册,更为难堪的是,第一卷由于失误多印了一千余册,出版商打算销毁其中的五百册。

应该说这部长达 660 页的著作并不是一本面向普通读者的消遣读物,它所表达的是纯粹的参谋部建设理念。尽管书中没有引用晦涩拗口的法令、政令条文,但也让非专业人士难以理解其全部内容。在这部更准确地说是改革方案的著作里,卡斯泰分析了现行体制的所有弊端,最后提出了改革所要遵循的四项原则:

1. 统一的原则。卡斯泰认为,这是战争要求的必然结果,参谋部应禁止有特殊权限的组织出现,如总局下属的潜艇作战机构、航空机构等。参谋部的权限必须得以保障,最高理事会不得随意剥夺参谋部的权力。

2. 三部制的原则。参谋部不应该设立过多的执行机构,所有机构应分别归属这三大部门:行政部门、情报部门、作战部门。

3. 稳定的原则。参谋部的工作人员必须保持一段时期的固定不变。

4. 参谋人员与保障人员分离的原则。参谋人员主要负责与作战有关的事项，与作战无关的人员应列入保障人员行列，在行政部门人员统一指挥下为参谋人员提供保障。

在这四项原则之外，卡斯泰还提出了设立作战指挥中心的必要性。"作战指挥中心必须从属于更高一级的国家战争指挥中心，作战计划、对外政策、经济政策均为国家战争计划的一部分。"不难看出，卡斯泰在这部著作里同样也加入了其战略性思考的内容。

这一次，卡斯泰所提出的有关参谋部改革的理论观点没有遇到太多的反对之声。战争的经验与教训让法国海军很快就接受了根据卡斯泰理论所得出的改革方案。1921 年的军事法令明确了海军参谋长的职责范围，同时明确海军参谋长"为战时最高指挥官"。1922 年海军设立了军区司令，负责沿岸港口安全保障。卡斯泰提出的四项原则除三部制原则外，另三项均得到实现。三部制原则最终成为四部制，即增加了负责"港口、基地与交通运输"的第四部门。卡斯泰对这一做法持强烈反对态度，他批评海军盲目地照搬了陆军的做法，并指出，第四部门的机构过于庞大，港口、基地可从属于作战部门，交通运输应改为低一级别的参谋部直属机构。海军机构改革办公室出于海军要与陆军相一致的考虑，没有接受卡斯泰的这一建议，海军参谋部仍实行的是四部制原则。

《潜艇战之总结》及《参谋部之若干问题》两部著作的出版，使卡斯泰成为海军首屈一指的军事理论家。当海军军官学校重新组建时，巨大的声誉使他立刻成为学校主持者第一人选，但舆论对他也出现了另一种评价："热衷于文字甚于海上航行。"这是让他无法接受的评价，为了改变这一印象，也为了更好地展示出自己的军事行动而不是军事理论才能，他向海军参谋长提出了离开历史研究部并到舰艇部队工作的请求。

"让·巴赫"号战列舰

1921年7月16日，卡斯泰调离海军历史研究部再次回到舰艇上工作。他被任命为地中海第三分舰队参谋长。新上司是勒瓦瓦瑟赫少将。卡斯泰对他的新工作环境感到很满意，勒瓦瓦瑟赫少将威信极高，对卡斯泰的工作能力十分赏识，认为他"工作勤奋，完全胜任参谋长一职"。卡斯泰也一直恪尽职守，认真履行着自己的职责。对下属及部队的管理，他一向要求极严，父亲的作风在他身上得到了延续。

第三分舰队的旗舰为排水量23000吨的"让·巴赫"号战列舰。作为分舰队的参谋长，卡斯泰大部分时间都在该舰上忙碌，舰队的日常行政管理是其主要工作。1914年服役的"让·巴赫"号战列舰是一艘"无畏"级战列舰，参加过亚得里亚海战役。按照规定，战列舰每月都有一次对军官家属的开放日，军官家属可以在开放日登舰参观，但不得留宿。

勒瓦瓦瑟赫少将即将退役，其夫人提出要在丈夫离任前上舰小住两天以体验舰艇生活。这虽然有些不符合规定，但似乎又在情理之中。不过勒瓦瓦瑟赫少将自己并没直接提出要求，而是让夫人去找卡斯泰。一阵犹豫之后，卡斯泰同意了勒瓦瓦瑟赫夫人的请求。

少将夫人兴高采烈地来到了这艘"无畏"级战列舰上，对一切都好奇的她免不了东走西走，但她对舰艇上的习惯与规定了解得并不多。第二天早晨，卡斯泰惊讶地发现，身披睡衣的少将夫人正站在后甲板悠然自得地欣赏着海面景象，而后甲板的另一旁，仪仗队已经做好了升旗仪式的准备工作。这种情形让有着极强军队纪律观念的卡斯泰无法容忍，他快步走向勒瓦瓦瑟赫夫人，准备劝说她离开。"早上好，先生。"还没等他开口，少将夫人已经发现他的到来并提前打起了招呼，"舰上的生活真是太美妙了，不是吗?"随后，她指着身后准备升旗的士兵说:"您带他们来是准备接我下船的吧。"夫人优雅而夸张的语调让卡斯泰难堪至极。他感到身后士兵稍稍有一阵骚动。出于礼貌及对勒瓦瓦瑟赫少将的敬重，他低声说道:"是的，夫人，应该下舰了。"勒瓦瓦瑟赫夫人不明白为什么卡斯泰脸上的表情有些僵硬。说心里话，两天的舰艇生活让她觉得无聊透顶，当然，她是不会流露出来的，现在正好到了该下舰的时候了。于是，在卡斯泰的陪同下，少将夫人面带微笑，一边向仪仗队员挥手一边缓步离开了后甲板。浑身不自在的卡斯泰则恨不得找个排气孔钻进去。事后，他下令对任何军官家属均不得讲情面。

　　1923 年 5 月，两年的分舰队参谋长任职期已满，卡斯泰离舰休假。他回到老家度过了一段长达 7 个月的假期，利用这段时间，他完成了《参谋部之若干问题》一书第二卷的撰写。同时，他还向海军参谋部提交了一封自荐信，要求担任"让·巴赫"号战列舰舰长。这时候的他已经晋升为海军上校，具备了担任战列舰舰长的资格，而战列舰舰长是晋升为将军的必要条件。"牛郎星"号舰长的经历使他有了竞争的资本，1923 年 12 月 12 日，他被任命为"让·巴赫"号战列舰舰长。

　　上任的当天，"让·巴赫"号接到命令进行维修升级改造，工程主要包括更换主机、改造主桅杆及对主炮射击角进行校正。对于大多数舰长来说，舰艇维修是个相对清闲的阶段，至少用不着集中精力去完成一大堆的战术操练。但对卡斯泰来说，这一阶段似乎并不是一个可以坐在暖和书房里享受咖啡与小黄油饼干的最佳时刻。为了使"他的"战列舰尽善尽美，他几乎每天都吃住在工厂，细心地检查每一个改造部位。任何一个与设计图不相符之处，哪怕只有细微的差异，他都会固执地要求工人改过来。当年好不容易才勉强及格的绘图专业，此时竟派上了大用场。在主炮射击角校正阶段，他一遍又一遍地让技术人员进行多方向试射，认真记录下每次试射结果。他对射击精度的追求到了近乎苛刻的程度，过分的劳碌又让他喉咙略显沙哑，下达的射击口令有时也会含混不清，但没人敢因此而取笑他。他以严谨、刻板的风格在"让·巴赫"号上建立了绝对的威信。第三舰队司令布里松少将评价他"带着一如既往的精神状态与工作作风实施指挥"。按计划，所有维修升级改造工程都应于1924年上半年完成，但由于工厂方面的原因，直到当年10月份才完成。

　　1925年，"让·巴赫"号重新编入第三舰队，并很快参加了海上演习。这次演习可以说是对卡斯泰作战指挥能力的一次全面检验。演习结束后，将军们第一次对他作出了有所保留的评价，布里松少将认为"他指挥过于保守，但每天都在进步"。地中海舰队司令杜梅斯尼勒少将认为他"性格有些内向，兵力展开太过迟缓，具备海军军官的所有素质，是位优秀的组织者，但还应在各方面加强训练"。客观地说，卡斯泰接手"让·巴赫"号的时间并不长，尤其是海上训练时间还不到半年，在这么短的时间之内能完成从单舰基本战到编队协同作战实属不易。事实上，在单舰作战上，"让·巴赫"号是表现很好的舰艇之一，甚至可以说是所有参加演习舰艇中的佼佼者。

　　在这一职位上，他干了两年零一天。

海军参谋部的工作

1925 年 12 月 13 日，卡斯泰带着恋恋不舍的心情离开了"让·巴赫"号战列舰，两年零一天的舰长经历证明了他同样能成为一名优秀的作战指挥官。新的任职命令已经到了他的办公桌上，他被调至海军参谋部，任情报处处长，受第一副参谋长直接领导。

上任几个月后，他无意中从海军参谋长萨拉约纳将军口中得知，处长这一位置他将不会干太久，参谋部正在考虑一年半后提拔他任副参谋长。听上去这是个不错的职位，但实际上副参谋长只是个虚位，并没有多大的权力。他感觉自己再一次遭遇到职位上的排挤，这种排挤既是因为同事间意见的分歧，也是因为他对参谋部工作作风的不满引起了他人的不快。

与同事间的意见分歧来自多个方面。首先，在兵力配置上，卡斯泰认为应优先考虑意大利人所构成的危险，海军的主战场应确定在地中海，因此，舰队主要兵力应集中在南部海区，而不是像现在那样分别配置在大西洋与英吉利海峡一线。3 月 1 日，他提交了一份有关法意两国海军地中海兵力对比的报告。这份报告能否在参谋部办公会议上获得通过，他心中并无把握。虽然来参谋部工作时间不长，但他已感受到参谋部充满了人浮于事、夸夸其谈的现象。大多数军官说得比谁都多，他们的理论听起来似乎很有道理。那些已经通过而无法更改的决定、认为应加强北方兵力部署以对抗德国的观点、在北部与中部实施平衡和对称部署的观点以及为防御英国人而实施的布防观点都会彻底推翻他的报告。几天后，在如期举行的办公会议上，卡斯泰据理力争，强调要将主要兵力配置在地中海以防范意大利人。同来自其他部门的反对意见一样，萨拉约纳将军也不同意他的观点，他认为卡斯泰过分夸大了不应考虑的危险。这次的办公会议没有取得任何结果。

4月26日，仍不愿放弃自己观点的卡斯泰与萨拉约纳上将进行了一次长谈，他向萨拉约纳将军指出：

1. 对意大利的担忧并不是空穴来风，来自情报部门的消息及两年来所获得的情报显示，意大利正在对法国构成威胁。

2. 与希特勒相互呼应的墨索里尼随时会以某种方式引发战争。

随后，卡斯泰又拿出了兵力配置计划及人员装备计划，并解释说：两份计划都是基于上述两点威胁而制订的，而作战计划特别是作战预案也必须要作出新的调整。在谈到战争的可能性之后，卡斯泰又将他对沿岸、港口、机场防御体系的担忧也一同作了汇报。这次会谈足足持续了4小时，卡斯泰尽其所能，将他4个多月的思考、意见和建议悉数道出，事后，连他自己也为这一做法感到震惊。萨拉约纳将军一直静静地听着卡斯泰的汇报，偶尔才提出一两个问题，他终于承认，卡斯泰的报告不是没有道理。几天后，卡斯泰的努力总算得到了部分回报，作战部门开始重新制订作战预案，原本派往北海的六艘驱逐舰改为三艘，另三艘被派往地中海。

意见分歧的第二个方面是有关作战部队的员额数量。参谋部坚持要将编制员额定为5.5万人，卡斯泰则认为至多只能是5.2万人，这还是一个乐观的估计。事实上，由于服役期的缩短，人员缺编现象已经十分严重，海军部只能提供5.1万人。卡斯泰同时还认为，这种情况需要认真加以规划。3月23日，卡斯泰向萨拉约纳将军提交了一份请示报告，指出，目前海军存在太多的陈旧舰艇，这些舰艇已经没有维修价值，必须退出现役。3天后，他又提交了一份报告，指出，新服役的舰艇对人员的需求超过了 4200 人，对已经紧张的编制员额造成了更大的压力，因此，陈旧舰艇的人员数应裁减，减少海外基地及水文调查任务。萨拉约纳将军拒绝在他的报告上签字，而且，利用卡斯泰外出公干的时机，萨拉约纳命令卡斯泰的助理提交了一份 5.5 万人的编制员额报告并在其上签了字。当然，该编制始终未能满编。

不仅编制员额的问题遭到卡斯泰的反对，从军费预算的角度出发，他还反对参谋部提出的建造一艘新型海上训练舰以取代"贞德"号以及建造一艘单桅船作为初级海军学校训练船的决定。这些反对意见同样也没有被大多数人所接受。

第三方面的意见分歧表现在对作战计划的重新制订上。萨拉约纳将军已经授权作战部门重新制订作战计划及作战预案，但对战争充满忧患意识的卡斯泰不无心焦："他们看上去很悠闲，工作没有任何进展，作战计划还只停留在口头，战争是否能将他们从睡梦中叫醒？"他决定自己动手制订作战预案。

两个月后，他完成了这份包含个人战略思想的作战预案。在预案的指导思想部分，他指出："从地理位置上看，我们必须要清楚战场是不对称的，作战重心已被推移到南部。从海上情况来看，我们必须摆脱自身的弱势以对抗德意联盟。我们必须集中力量于主战场（地中海），放弃北方的第二战场。"

这份预案并没有提交到萨拉约纳将军手中，而是交给了第一副参谋长黑尔少将。令卡斯泰深感意外的是，黑尔少将很快就同意了他的预案，并直接将预案送交到了国防部。担任国防部长办公室主任的达尔朗上校看完预案后，深表赞同，并以部长的名义先行接受了这份预案以待部长正式签署，这其实意味着国防部同意了海军的作战方案。达尔朗略带先斩后奏的做法着实解除了卡斯泰事先的担忧，他此时对达尔朗的感激可谓是难以言表，但是，这种感激却让他几年后领教了达尔朗敢作敢为性格所带来的另一种结果。他也知道这种做法"完全不符合原则，属无奈之举。如果我是参谋长，我会让每个人尽职尽责来避免此类事情的发生"。不过他又承认："就目前来看，与国防部加强联系不失为好主意，可以确保一些想法的成功实现。"

应该说卡斯泰已经尝到了"关系"所带来的"甜头"，但他似乎冥顽不化，与同事间的关系没有任何改善。意见的分歧使他难以与同事进行深入的交谈，参谋部所讨论的话题永远都是高层次的内容，全然不顾部队的实际，而他却总是显得与众不同。他不是不知道这一情况，在编写舰艇战斗战术手册时，他突然产生了一种从未有过的悲观情绪，"当一切结束，审查开始时，又完全有可能出现意见的分歧，不同的人看到不同的文件，最后又是表决的形式。难道我们所有努力真的是为了看到这部手册能够得以运用于实践吗？值得怀疑！"闲暇时，他也曾多次问过自己这是为什么，也曾想过要与同事多作交流。可是一旦拿起笔来，他往往又很快忘掉了这一切，况且，他的闲暇时间并不多。

如果说意见分歧让他情绪低落，那么参谋部的工作作风则让他对这个经过体制改革的机构充满失望。海军参谋长将大部分时间都消耗在无关紧要的事情上，对于情报、作战、舰艇建造与海军政策则漠不关心。海军副参谋长同样如此，除了在文件上签名，他们又能干什么呢？负责情报与作战的第一副参谋长不关心情报的收集与作战计划的拟定，而是迷失在一些毫无价值的信息中。每天都有数不清的文件、报告及通知在各部门之间传送，会务部门永远都在愁眉苦脸地准备着会议材料，参谋人员看上去比谁都忙但就是作不出一套完整的决定。

参谋部的这些问题很大一部分原因归咎于参谋长萨拉约纳将军本人，"他从不向下属部门发出维持秩序、恪守职责的命令，他的周围，已经形成了一种十分有害的氛围"。阿谀奉承、趋炎附势之风流行在每一个角落，人人都在想尽一切办法接近部长、总监、军事议员……

参谋部的这种工作环境的确让他"受够了"，虽然耳闻目睹了一些人的渴慕虚荣和好大喜功，但他那自幼受父亲熏陶的诚率品格并没有失去其原来的单纯，他的脑海里装的仍旧是严谨刻板、循规蹈矩，从未想过要为自己寻找一个能向上爬的机会。"来到这里是我做出的一件不可原谅的蠢事，原以为能够寻找到更多思想撞击的火花，但是……我现在更愿意选择离开。"

恰在此时，海军战争学校的莫瓦塞教授邀请他到院授课，他热情地答应了。1926 年 9 月，卡斯泰正式调离海军参谋部到了海军战争学校，任校长杜朗德·维埃尔少将的助理，正是在这一段时间，他开始了一部伟大著作的创作。

第 5 章

未实现的抱负

与作战指挥官相比，军事理论家在海军中一向没什么好地位，当然在其他军种中也同样如此。他们当中极少有人能拥有辉煌的履历，尽管经纶满腹，所提出的理论也为世人所接受并称赞，但仅凭这一点就能得到职务晋升与提拔的，似乎为数不多。大名鼎鼎的马汉在退役后才被授予少将军衔；里奇蒙，卡斯泰大洋彼岸的挚友，可以说有着十分荣耀的职业生涯，却是十分艰难地才获得将星，而且始终没被委以指挥官的职位，最后不得不提前退役。与此相比，卡斯泰可以说是一个特例，他的职位晋升一步一个脚印却又晋升极快，即使华盛顿会议期间出现的涡流也没能阻止其晋升的步伐。但到了最后，他还是被挡在了最高权力之外，一位比他更年轻更有政治头脑的对手成为最终的胜利者。

权力顶峰的止步

1928 年 8 月 25 日，卡斯泰被任命为马赛舰队司令，准将军衔。这一年，他 49 岁。在海军中，这绝对算得上是年轻有为了，若不是当年第一次报考海军学校时落榜，他很有可能会成为海军最年轻的将军。

但是，人生总是充满了太多的不确定性，对于卡斯泰个人而言，有些也许是命中注定。同以往担任指挥官的时间总是很短暂一样，马赛舰队司令一职他只干了不到半年时间。1929年1月，新上任的海军参谋长维奥赖特上将提名他担任海军第一副参谋长，维奥赖特在向国防部及海军委员会发出举荐信的同时，还向卡斯泰写了一封邀请信，信中说道："第一副参谋长是一个十分重要的职位，我还没找到有比您更合适的人选。"但这封洋溢着赞美之意的书信并没有使卡斯泰感到太大的兴奋。当年，自己由于对参谋部失望，一腔的热情得不到正确对待才离开参谋部，现在又要回到这一令他思绪满怀之地，他的内心深处泛起阵阵波澜。他向维奥赖特上将表示这一决定太过突然，能在这么短的时间内就去接替第一副参谋长的位置实在出乎他的意外。第一副参谋长意味着有了更大的权力，然而，能冲破那一张张无形之网吗？他的抱负在多大程度上能得以实现？对此，他毫无把握，他需要找个清静之地好好理理自己的思路。于是，他向维奥赖特上将提出休假两个月的请求。得到批准后，他回到维尔纳弗河畔老家，一边处理家庭事务一边思索着参谋部的建设问题。

3月1日，卡斯泰接受了维奥赖特上将的提议，正式接任第一副参谋长一职。事实上，维奥赖特与卡斯泰很早以前就有了接触，1899年卡斯泰曾给维奥赖特写了一封自荐信要求到参谋部工作，那时候维奥赖特就对这位年轻人有了深刻的印象，如今，维奥赖特更是对他的工作能力给予了高度评价："最佳的合作者，总是有着极好的建议。"这是在卡斯泰刚刚开始接手副参谋长工作时说的话，没多久，维奥赖特就觉得他这句话或许说早了。

如果用"江山易改，本性难移"来形容卡斯泰的性格，可谓丝毫不为过，多年的部队生涯并没有让他的性格产生多大的改变，他仍是一如既往地乐于辩论，一如既往地固执较真，一如既往地直言不讳，唯一不会的就是处理人际关系。维奥赖特上将的赏识并没有教会他如何委婉地向上司表达自己的看法。作为第一副参谋长，卡斯泰主管情报与训练两大部门，而训练部门正准备向部队推行一种全新战术，该战术是维奥赖特上将在担任地中海舰队司令时所创立的，上将本人对此十分得意，卡斯泰则对这一所谓的新战术提出了强烈反对意见，认为其在实际运用中没有任何价值。他曾当着几位下属的面，对维奥赖特上将直言道："这套战术并不能在战斗中获得更大的优势，它不过是T形战术的可笑变种，敌人并不会按您设想的方式运动，应该立即终止这种战术的使用。"维奥赖特上将对此却不以为然，他说道："这套战术可是经过两支部队模拟操练的，效果非常不错。""当然了，将军，如果敌人也能听您指挥的话。"维奥赖特上将此时才认识到他的这位"最佳合作者"的建议确实"非同一般"。由于卡斯泰的坚持，新战术最终不了了之。而维奥赖特上将也并不比他的前任有多大改进，参谋部工作作风依然没有什么变化，卡斯泰的设想终究只是停留在理论阶段。

第二年4月，卡斯泰被任命为地中海舰队舰艇训练中心主任。训练中心下辖两艘战列舰、一艘巡洋舰、十余艘小型舰船及一所岸上轮机学校。两艘战列舰中，一艘是排水量23000吨的"无畏"级战列舰"巴黎"号，另一艘则是卡斯泰曾两次在其上工作过的老式战列舰"贡德赫赛"号。按规定，将军包括准将有资格选定一艘舰艇作为旗舰，并可在旗舰上悬挂将军专有标志旗，这艘舰既是旗舰也是某某将军的专旗舰。身为准将局长的卡斯泰很高兴地选择了"贡德赫赛"号作为自己的专旗舰。

在舰艇训练中心，卡斯泰再一次展示了他独特的、超强的教学才能，1931年10月的海上大演习，训练中心的舰艇表现出色，他们的技战术训练水平得到参演部队及将军团成员的一致认可。1932年4月，当卡斯泰调离训练中心时，地中海舰队司令罗伯特上将称赞道："他为训练中心留下了一笔宝贵的财富，所创立的训练方法将会在相当长的一段时间内指导我们的训练。"

离开舰艇训练中心后，他在土伦担任了7个月的海军分区司令。1932年12月25日，海军司令维埃尔上将任命他为海军战争学校校长及海军高级研究中心主任。卡斯泰又回到了他早已十分熟悉的院校从事教学工作，不过，这一次是以院长的身份。除了学院的日常管理，他将大部分精力都放在了学术研究上，所涉及的研究方向极为广泛，包括战略、政治、海军战术、联合作战及海上战役筹划等，绝大多数内容都是他的讲座报告。

1934年11月1日，卡斯泰被提升为海军少将。虽然他的军衔提升一向不算慢，但从准将步入少将这一过程，却经历了6年多的时间。与他同期提升为准将的莫盖、德拉波尔德、埃斯特瓦及达尔朗则早在两年前就已晋升为少将。没有任何资料显示是什么原因导致这一结果的出现，或许，只能归咎于他没有什么更具能量的靠山，而且又不善于利用关系。维埃尔上将对他一向欣赏有加，却终究没能改变最后的结果。很显然，从这时起，在一场看不见的争权夺利游戏中，他失去了先机。

1935年10月22日，卡斯泰被任命为海军第二军区司令长官。他的前任洛朗少将由于在处理船厂工人罢工问题上行为过激而被撤职。当时，法国造船业工人为减少工作时间、增加工资，发动了全国范围的大规模罢工、示威游行运动，示威者在当地引起了一定程度的骚乱。洛朗少将调动军队来维持秩序，并使用军用瓦斯弹驱赶示威者，结果造成更大的冲突。卡斯泰上任后，很大一部分时间是用来处理造船厂与海军部队间的矛盾。比起他的前任，卡斯泰要显得温和一些，他采取警察为主、军队为辅的方法，对骚乱分子使用催泪弹而不是军用瓦斯，在一定程度上降低了人员的伤害程度。1936 年，法国国会通过了新的劳工法，罢工事件才彻底平息。

造船厂与海军部队间的矛盾总算平息了，但海军高层人事调整所引起的关注度不亚于一场骚乱。

维埃尔上将的任期到 1936 年年底就要结束，新的参谋长人选不仅成为公众关心的话题，更引来几位竞争者角逐。所有的竞争人选中，排在第一位的莫盖将军年龄最大，又是一位毫无主见之人，长期以来一直对维埃尔言听计从、唯唯诺诺，天生阿斗般的性格使他即使接任海军掌门人也难以服众。排在第二位的德拉波尔德将军是激进的反英派，虽然卡斯泰、达尔朗等也对英国怀有成见，如达尔朗对英王乔治六世的加冕一直嗤之以鼻，卡斯泰在他的战争日记中曾对英国人的战术方法提出过抨击，并直言战争时绝对不能相信英国人等，但他们的言论总体上还是十分克制的。德拉波尔德将军则不然，他说："我不仅是恨英一族，更是食英一族。"对英国人恨不得食肉寝皮。政治上还离不开英国支持的法国政府认为，如果把帅印交给缺少外交经验的德拉波尔德将军，也许只会给他们造成更大的麻烦。至于排在第三位的埃斯特瓦将军，则是位典型的武将，由于对政治漠不关心，因而最早出局。这样，最终的人选只能是卡斯泰与达尔朗。

命运的安排有时是如此巧合，卡斯泰担任海军第二军区行政长官时，正值达尔朗在大西洋舰队担任司令，而海军第二军区司令部与大西洋舰队司令部同在布雷斯特。这两位从前的挚友、海军将领中的少壮英才，在问鼎海军最高权力的过程中终于提前相遇了。此时，他们之间的关系已变得越来越紧张。

1936 年 6 月，总统阿尔伯特·勒布朗决定到布雷斯特视察大西洋舰队，对达尔朗来说，这样一个表现机会绝不能让它轻易溜掉。凭借与总统办公厅人员的私人关系，达尔朗在第一时间获知了总统前来视察的消息，于是，他开始了精心准备：一定要把舰队最强战斗力展现在总统面前。透过办公室面向布雷斯特港的宽大落地窗，达尔朗眼前一亮，他的目光锁定在即将完工的"敦刻尔克"号战列舰上。这是正在建造的吨位最大、火力最强、配置最先进的"无畏"级战列舰，它集中了法国海军所有的荣耀与自豪，人人都在兴奋地渴望它早日服役。达尔朗当即决定：将总统欢迎招待会设在"敦刻尔克"号战列舰上。他命令手下人安排好了所有细节，甚至想到了在军乐声中陪同总统登上甲板那一激动人心的时刻……

卡斯泰事先并不知道总统视察的消息，直到一天早晨，一名达尔朗的副官前来求见，他才了解到此事。让他吃惊的是，达尔朗竟然将总统欢迎招待会设在"敦刻尔克"号上。

"达尔朗将军难道不知道'敦刻尔克'号还没完工吗?"

"这正是我来的原因，将军希望您能下令让它提前完工。"副官回答道。

提前完工确实是个邀功请赏的好机会，但同时也意味着工人必须加班加点工作。受新劳工法保护的工人们肯定不会答应，平息过示威骚乱的卡斯泰非常清楚这一点，况且，总统及国会都十分了解"敦刻尔克"号的建造工期及交付日期，没必要提前完工，达尔朗的要求已经超出了他的职权范围。"请转告达尔朗将军，欢迎招待会无法如期在'敦刻尔克'号上举行。"甩出这句话后，卡斯泰即命人送走了副官。

听完副官的报告，达尔朗足足愣了十秒钟才从牙缝里挤出"该死的书呆子"这句话。多年的交往使他深知说服卡斯泰不是件容易的事，他只能改变招待会的地点。他也知道，总统既然来到布雷斯特，就不会不参观"敦刻尔克"号，但那时陪同总统的将是卡斯泰而不再是他达尔朗了。

"敦刻尔克"号在总统视察结束 10 天后如期正式完工。7月14日，法国国庆日，阿尔伯特·勒布朗总统为卡斯泰亲自颁发了一枚荣誉军团十字勋章。站在一旁参加授勋仪式的达尔朗，嘴角上始终挂着一丝不易察觉的微笑，他清楚地知道，第二轮竞争的结果胜负已定。尽管比卡斯泰年轻，但由于家世显赫，他的少将军衔早于对方，早年国防部的任职经历使他结识了大批高层人物，如现任国防部长杜帕克，不仅是他的证婚人，更是他家的常客。当然，达尔朗也并非完全是凭关系才走到这一步，他也同样能就海军建设等问题发表自己的看法，面对《人民前线》报记者的采访，他温文尔雅而又谈锋犀利、含而不露却又观点鲜明，赢得了公众的普遍好感。所有这一切，使得达尔朗有着比卡斯泰更强大的竞争力。

相比较而言，卡斯泰存在太多的缺憾：他从未担任过舰队司令，一些重要岗位任职时间过短，他那介乎于历史学派和青年学派之间的理论被部分人看作"无视传统"。维埃尔将军在任命他为战争学校校长时写给他的一封私人信件中显示出他的个性：思想过激，追求标新立异。卡斯泰的确因其思想独立，最终成为法国海军的理论家而不是行动家。

组建高级国防学院

1924 年，英国成立了皇家防务学院，由海军上将里奇蒙担任院长。该学院是一所高级军官培训学院，以三军共同课程为主，目的是培养三军通用型人才。英国人在军事实践方面再一次领导了世界潮流。然而，提出这一实践理论的却并不是英国人，而是法国人。卡斯泰在 1902 年的《海军参谋部》一书中就已提出过这一想法，但是，长期以来却未引起法国军事高层的重视。英国人所设立的军兵种共同培训课程，使法国人发现自己又一次落伍了。于是，法国决定创立自己的高级国防学院。

法国高级国防学院的创立得益于当时的国防部长埃杜阿赫·达拉迪耶，他看到了英国皇家防务学院军兵种共同培训课程所带来的全新效果，认为这将是军事院校教育的发展方向，他首先打破了法军当时在这个问题上的沉默态度以及政府文职人员对这些事的漠不关心。

1936 年 7 月 27 日，国防委员会开始讨论达拉迪耶的提案，达拉迪耶建议吸收军人及文职人员同时进入学院共同研究国家防务的总体问题。他的这项提案与贝当元帅的提案产生了分歧，按照贝当元帅的提议，高级国防学院是三军高级研究中心的补充教育，其培训期只能持续两个月，主要研究内容为当前军事形势，其组成人员应该只能是军人。与此同时，贝当还提出了自己的院长人选。

所有参加会议的人员都意识到贝当元帅的提案是其控制院校的意志体现，这只是实现其统一陆、海、空三军为一个大军种的第一步，贝当本人对此并不否认，而且说他对这个问题已经考虑了很长时间。如果按照贝当元帅的提案来设立高级国防学院，海军在三军中的地位将会明显下降。出于自身发展的考虑，海军决定转向支持达拉迪耶的提案。而空军，由于是一个新成立的军种，刚刚成立了航空战争学院及高级航空研究中心，同样不希望自己在三军中的地位比陆军低，因此，空军对达拉迪耶的提案也是持支持的态度。国防委员会在这次讨论会结束之后达成一致意见，即成立高级国防学院，从陆、海、空三军中挑选精英军官，为总参谋部培训具备战略思考能力的人才，其培训目标应是使受训军官能够从政治、经济、军费及人口等诸多方面来全面考虑国防问题，最终形成联合运用军事力量的统帅机构。

成立高级国防学院的主要创新内容为"学院可吸收部分政府文职人员共同讨论国防问题"，学院允许所有学员成立不同的讨论组分别对战争中的不同问题进行研讨，其研讨的结果可以在部分部队中进行演练以便在"和平时期确保部队的行动准备，战争时期确保国家防御"。

1936 年 8 月 14 日，法国以军事法令的形式正式批准成立高级国防学院，学院受三军参谋长及国家教育部高级教育局局长组成的理事会领导。学院设院长一名，任期两年，由三军准将以上合适人员轮流担任，另设两名副院长，由与院长不同军种的人员担任。在首任院长的选择上，卡斯泰被认为是"唯一能力与声誉并存的院长人选"，虽然贝当元帅的支持者对海军人员出任国防学院院长一职仍有些不满，但最终，他的提名获得了理事会成员的高票通过。而卡斯泰此时正在担任海军战争学校校长及海军高级研究中心主任双重职务，在获知这一新的任命后，他很快就答应了，战争学校校长及研究中心主任的双重职务让他确实感到有些累。1936 年 9 月 2 日，卡斯泰正式走马上任。

卡斯泰上任后的第一件事就是确立国防学院的组织体制。他给海军部长写了一封建议信，就学院地点的设置及功能提出了自己的意见。他提出，学院地址设在海军战争学校内以减少不必要的校舍建设，开课时间定在每年的 10 月至次年的 1 月以错开海军高级研究中心的课程时间。作为一个讲究实际的人，他还对学院的具体教学设施进行了详细的罗列，如教室内的桌椅数量、衣帽架的个数及打字员的人数。学院的经费开支只包括授课的补助及秘书的薪水，编制军官限定为院长及两名助手，同时为了不增加人员编制，学院的军官还兼任海军高级研究中心的领导。

几天后，他又向海军部长提交了一份内容详细且涉及面广的教学计划，这份计划所涉及的教学内容如下：

总论——斗争的各种形式

国防的组织及作战指导

政治斗争——战略与政治报告、同盟、法国的现实状况

军事斗争——陆地、海洋、空中

财政斗争

经济斗争——经济的进攻与防御、工业运动、战争期间的交通与运输

殖民斗争

大众观点、精神与宣传

其他问题——地理、人口问题、演习

国防准备——战争计划与作战计划

综述——总体形势不明朗而战争又有可能爆发的情况下，国家防御理念的超前运用

与这份教学计划提交的同时，他还附了一封写给部长的亲笔信，信中表示，他本人将最大限度地从事教学活动。同时，这封信也明确表达了他对高级国防学院开设的担心之处，他知道，担任该学院的院长，他只能成功而不能提出任何要求，"这一新机构将可能是简单和不重要的，它的经费保障并不充分，如果有必要，它的规模应进一步扩大"。

他所提交的教学计划于 10 月 2 日获得了国防委员会的通过。1936 年 10 月 5 日，第一届高级国防学院学员正式入学，此届学员只有 30 名，10 名政府文职人员，分别代表着十个政府部门，10 名陆军学员，5 名空军学员及 5 名海军学员。卡斯

泰实现了他先前的诺言，在全部的 79 次讲座中，他所主讲的讲座占了 1/4。

教学内容中军事理论教育部分，由参观各军兵种基地组成，卡斯泰将海军的参观见习地点定在胡恩港及阿弗赫港，他认为这两个港口在法国占有重要的战略地位。由于国防具有纯粹的军事特点，卡斯泰认为目前的教学方法远远没有达到应有的效果，必须要设置不同的教学专题。三军参谋部提出的教学专题是"通过地中海东部向欧洲中心输送远征军"，卡斯泰认为这一内容更多涉及陆军，海军只是一个不重要的角色，目前的外交状态使得地中海海上区域还是一个相对平静的地区，空军更是很少能参加战斗。但参谋部所作的计划并没有考虑这一问题，其教学计划 4/5 的内容为陆军所有。因此，有必要在教学计划中更多地体现出国防及政治这一内容，以充分涵盖所有的政治及海上交通、海上作战等问题。

不久，他向三军参谋部提交了一份涉及院校教学方方面面的报告，指出：一要进一步深化教学内容，无论是军人还是文职人员，都应确立起战争的全局观念；二要在相关的文职人员中强化国防意识。学院教育的目的是使军事人员初步从政府文职人员的角度来思考军事问题，而政府文职人员则能从军事角度来思考政治问题。卡斯泰分析了目前教学所存在的主要矛盾，即：一方面，学员的主体是军职人员；另一方面，课程的设置却是针对文职人员的。他提出了两种解决方案。第一，增加文职人员的学员数量。以目前 10 名文职人员参训的情况来看，平均每个部门每年只有一名人员参加培训，这就得在一个相当长的时间内才能达到预期效果，为此，政府部门受训人数应在原有的数量基础上加倍。第二，对于军方学员，听课效果并不理想，绝大多数学员对民事课程不感兴趣，他们常常缺课，宁可去听已经掌握了的军事讲座也不去参加民事报告。卡斯泰认为，应通过相应的纪律使军方学员必须按时参加民事课程。

但是，他的建议再次遭到贝当元帅的反对，贝当元帅的目的有两个，一是学院的特点必须是纯军事性的，二是学院要能成为其统一指挥的工具。对于这两点，卡斯泰完全持反对意见，在贝当元帅的意见书上，他毫不掩饰自己的愤怒，写下如下评语："智力的活动范围受到极大限制，这表明决策者对应该创立一所何种性质的院校完全是一无所知。"

贝当元帅的提议显然是针对卡斯泰而来的，他极不愿意看到一名海军军官来担任高级国防学院院长。但后者却有着十分有利的条件，那就是就目前而言，他是唯一的三军都认可的院长人选，况且，达拉迪耶依然坚持在文职官员中开设国防教育课程，而卡斯泰也是面向文职官员开设国防教育课程的不二人选。另一方面，空军，尤其是海军，均不希望三军处于统一的指挥体制之下。常务国防委员会最终否决了贝当元帅的提议而认可了卡斯泰的计划。1937 年 7 月，国防部正式以法令的形式确定了学院的学制为五个半月，每期固定招收 17 名文职官员，同时，国家议员也可参与听课，但只作为旁听生。

贝当元帅与卡斯泰之间的矛盾得到了平息，第二届学员的招收及课程设置完全按照卡斯泰的意图来进行，学制五个半月，军官学员的数量及各军种的比例保持不变。学期结束之后的总结报告显示出这种做法令学员印象深刻，尽管可能还不是最好的方式，但所取得的效果明显优于前一期。卡斯泰认为，延长的学制使得无论是学员还是教员都有了充足的准备时间，但由于在最后学习阶段大多数学员都会产生疲劳感，因此，五个半月的学制是最长的期限。尽管如此，战前，该学院并没有培训多少学员，卡斯泰只给三期学员上过课。1938 年 8 月，他正式离开学院。

与达尔朗的格格不入

1937年1月1日，伴随着新年的钟声，达尔朗接替迪朗·维埃尔担任海军参谋长一职。迪朗·维埃尔退役后留在海军将军顾问团，并对卡斯泰的工作提供了极大的帮助，卡斯泰对迪朗·维埃尔的无私帮助充满了感激。5月11日，卡斯泰被任命为海军高级委员会正式成员，并晋升为海军上将。这时的卡斯泰已达到其最高军衔，如果从军衔授予的先后顺序来看，只有海军司令达尔朗的军衔时间比他早，可以说卡斯泰成了仅次于达尔朗的第二号人物。作为海军上将，卡斯泰具体负责分管海军监察工作。"二战"结束前的法国，海军监察部还不是一个独立的机构，监察长受海军参谋长领导，所以卡斯泰实际上并没有多大权力。

不过，按照相应法规，海军监察长战时自动成为战区指挥官。但是，这项法规并不严密，监察长负责全海军的监察任务，也就是说他的战区是全部海区，如此一来，监察长在战时就成了与参谋长平起平坐的战场指挥官。1937年9月，达尔朗颁布了一项特别法令，明确监察长战时的指挥辖区为拉芒什海至北海南部地区，简称北方战区。

很明显，这是一项针对卡斯泰而设立的法令，"敦刻尔克"号战列舰事件一直让达尔朗记忆犹新。北方战区成为最不重要的战区，所配属的部队也只有少量的岸防力量，参谋部对此的解释是，卡斯泰将军由于同时担任海军战争学校校长及国防高级学院院长的职务，为缓解他的压力才作出如此调整。然而，这只是刚开始，一系列让卡斯泰更加失望的事还在后头。

为了攫取更大、更多的权力，达尔朗决定进一步限制监察长原本的职权范围。1937年2月22日的军事法令取消了战场指挥官在非战争时期的行政指挥权，同一天，一条新的法令将监察长的职责明确为：只有在原始资料充分的情况下才能实施监察；监察的范围为参谋长所指定的条令训练执行情况；监察长的所有文书由参谋部提供。很明显，这种所谓的新体制极大地限制了监察长的行动权力，可以说监察长已经成为参谋长手下一个无足轻重的小卒子。尽管如此，对权力欲及控制欲的追求仍让达尔朗感到不满意，他追求的是更大范围内的个人权力的高度集中。在一次高级军官会议上，他说道："就目前来看，海军已成为一个相对独立的军种，而所属的舰队司令、军区司令、海外基地司令却直接受命于海军部长，海军参谋长只有在战争时期才拥有对这支独立军种的指挥权，在大多数情况下，海军参谋长只是以海军部长的名义行使权力，海军参谋长下达的到底是命令还是部长的指示？"

达尔朗决心利用手中已有的优势尽最大可能来改变这一切。他首先要做的就是设置新的军衔等级，当然，最高军衔是留给自己的。按他的本意，最好能设置一个海军元帅，但他也知道这在法国是不可能的，于是他提出成立海军高级将官委员会，同时设立军衔为六星的海军总司令。达尔朗的不懈努力获得了回报，1939年的军事法令通过了海军总司令的提案，并授予他担任这一职务。按理说他应该感到满足，但其实不然，新的军事法令授予他的只是海军总司令的称号而不是一个官衔，他最终也没能成为六星上将。

为了更进一步掌控海军，达尔朗决定对海军机构作更大的改造，他准备彻底解散监察部，以新设立的作战参谋部全面替代监察部的职能。尽管没有正式资料可查，但有足够的证据表明，这项野心勃勃的计划在战前曾全面实施过。"作战参谋部受参谋长领导，负责第二、第三部门工作的副参谋长担任作战参谋部的直接领导。作战参谋部全权负责作战计划的制订、执行及战场监察任务，其组成人员要相对固定"。对照卡斯泰《参谋部之若干问题》一书，不难发现，达尔朗的改革思路竟完全体现了卡斯泰的参谋部建设原则，虽然达、卡二人出发点不尽相同，但达尔朗大刀阔斧的做法从某一方面来说倒也成就了卡斯泰仅停留在纸上、想做却又无能力实现的抱负。遗憾的是这种实现完全出自达尔朗的个人意愿，设立在监察部内部的常设参谋处隶属于作战参谋部，虽然归监察部使用，但它只对作战参谋部负责，监察部无形中被架空了。

　　显而易见，卡斯泰对达尔朗的做法难以接受，他对此提出强烈的反对："监察部内部之常设参谋处的职责必须重新界定，战场监察的职责要保持独立，监察长有权参与作战计划的讨论。"然而，孤掌难鸣的他改变不了任何结局，已经大权独揽的达尔朗对他的意见始终不理不睬。很快，卡斯泰就发现，监察部内部的常设参谋处正在逐渐替代监察部的职责，原本隶属于监察部的参谋人员现均归作战参谋部辖制，作战计划已经不再送交监察长审查，而是直接送交参谋长办公室，卡斯泰感觉自己"完全成了局外人"。他向达尔朗递交了一份私人报告，要求恢复监察部的原有职能，达尔朗在给他的简短回复中说道："从海军发展的深层次考虑，我这么做只是精简了一些我认为不必要的机构，这不也正是您曾提到过的吗？"狡猾的达尔朗巧妙地利用卡斯泰30年前有关参谋部改革的构想给了对方强有力的一击。

　　1937年9月1日，法国海军颁布了新一代作战纲要，这份由监察部常设参谋处完成、参谋长签署的重要作战文书，只"发至南方舰队及其下属部队"，卡斯泰意识到："它表明，战争期间，我，北方舰队司令，并不是战场指挥官，仅仅是一个军区行政长官。"

时间是一服医治伤痛的良药，随着时间的推移，人们会逐渐忘记过去的不幸，有人会因此而麻木，有人会因此而豁达。从踏上甲板的那天起，卡斯泰就在追寻一种理想、一个目标，为了这种追求，他从未放弃过。幸运女神并不是不眷顾他，然而却总是与他的追求相差一步之遥，目前的处境已经不允许他再作任何无谓的抗争，流逝的时光磨平了他的棱角。眼看着自己的职权被不断剥夺，他却不再像当年在"当东"号时那样牢骚满腹，他已经学会了忍受，或者，他已经习惯了。他自我解嘲地说："有了监察部常设参谋处，我正好可以多散散步了，参谋处……他们会有办法解决一切。"在担任监察长期间，他所能做的就是每天巡视各个办公室，偶尔也会与下属们讨论演习方案等。

1938 年 6 月，卡斯泰去除了海军战争学校校长的职务，但仍担任国防高级学院院长。院长、海军高级委员会成员、海军院校部负责人，这些职务并没有加重他的工作负担，他有了更多的时间来思考《战略理论》第三卷的撰写，然而，战争的爆发又一次打断了他的工作进程。

北方舰队司令

1939 年 8 月 27 日，随着法国三军全面进入临战状态，卡斯泰也正式开始行使北方舰队司令职责，他的指挥部设在敦刻尔克第 32 号兵营。根据纲要，北方舰队的主要任务是：

1. 负责第一战区内英国军队的港口运输安全。

2. 与英国部队共同担任加莱至拉芒什东部一线的海上警戒，防止敌军通过该区域。

3. 确保第一战区海岸安全。

4. 密切配合英军及进入该区域的友邻部队作战。

5. 确保区域内海上交通安全。

法国人对战争始终没有正确的认识，一战的胜利加之固若金汤的马其诺防线，使法国人充满浪漫般地认为战争离他们还很遥远。英国的作战部队已经开赴过来，配属给卡斯泰直接指挥的兵力却仍然残缺不全：一个鱼雷艇中队，几艘布雷舰，五个航空中队，其中一个中队属于"贝亚恩"号航母，三千人的陆上作战部队都是拼凑而成的非整编制部队。

与作战任务、兵力配备相比，更为复杂的是北方舰队的作战指挥序列。北方舰队的作战区域分为四个分区：瑟堡，勒阿弗尔，布洛涅和敦刻尔克，前两个分区原本是第一战区海岸司令部的辖区，现划归北方舰队指挥，另外，第一战区内的预备役部队也划归北方舰队。这样，卡斯泰的指挥序列为：第一战区海岸司令部，指挥官为海军勒·彼高中将，下辖瑟堡、勒阿弗尔两个分区；敦刻尔克司令部，指挥官为陆军丹斯准将，副指挥官由海军准将普拉东担任，辖敦刻尔克分区；布洛涅分区及第一战区预备役部队直属北方舰队。卡斯泰认为这种指挥序列不仅杂乱而且难以实施有效的指挥，他向参谋部提出了调整指挥序列的申请。参谋部很快就给予了答复，达尔朗本人不仅同意了他的申请还亲自作了补充与修改。几年来，这是第一次达、卡二人意见相同，不过，这倒不是因为战争的爆发使二人出现和解，实在是因为达尔朗不愿看到海军准将普拉东被一名陆军准将指挥。随着战争的深入，他们两人之间的争斗也在不断升级。

调整后的指挥序列划分为两大作战单位，第一作战单位仍归勒·彼高中将负责，辖瑟堡、勒阿弗尔分区，第二作战单位由普拉东准将负责，下辖布洛涅、敦刻尔克分区，丹斯准将任北方舰队司令助理，有权指挥辖区内所有陆上兵力。新的指挥序列不仅理顺了指挥关系，而且很好地解决了不同军种间因军衔而引起的上下级关系矛盾。但，卡斯泰关注的重点并不仅限于此，经过一番考察，他不久就察觉到法国兵力部署的弱点。

9月10日，他请求会见第一集团军指挥官布朗夏尔将军，就第一集团军的作战方向及作战意图与之进行了一番长谈，之后，将会谈结果向达尔朗作了书面汇报。他指出，英、法联军开赴比利时可能得不到预定的结果，第一集团军的北上会形成本土防御空虚，应进一步加强沿海地区尤其是敦刻尔克地区的防御。10月7日，他应布朗夏尔将军之邀，与第一军指挥官彼罗德将军、第十六军指挥官法加勒德进行了一次小范围的对抗性演习，结果，法军的弱点彰然显露。紧迫的形势让他顾不得考虑等级观念，直接向彼罗德将军提交了一份意见报告，而正常提交报告的途径应由三军协调部海军处经最高指挥部转交。

10月6日，卡斯泰再次向达尔朗表示了他的担忧，法国的武装部队尚未集结完毕，而德国则已集中了大量作战部队，陆地上的部署仍存在太多的薄弱环节。另一方面，从海军部署来看，他的指挥部太过靠近内陆地区而远离了海战场，他请求将指挥部移至瑟堡。达尔朗回复道：他已将他（卡斯泰）的担忧向最高指挥官甘末林将军作了汇报，甘末林将军的回答是："必要的部署已经实施并考虑周全"，另一方面，"兵力部署的原则并不仅仅体现军事战略的需求，同样也包含外交政策"，"即使敌人决定入侵比利时，我也不认为他能轻易进入敦刻尔克地区"。达尔朗之所以向卡斯泰转述甘末林将军的话，一方面在于打消卡斯泰的顾虑；另一方面，他自己似乎也隐约感到一丝不安，只是他无力更改统帅部的决定。

至于卡斯泰所提出的迁移指挥部一事，达尔朗坚持指挥部应设在敦刻尔克，他认为尽管这座城市存在诸多缺点，之所以选择它是"因为它是连接英国的最佳地点，而加莱地区是整个海军的关键所在，最后，选择它的最重要因素是，原本属于陆军的敦刻尔克将完全接受海军的领导"。达尔朗还以一种不容置疑的口气威胁道："如果加莱失去兵力部署，北方舰队司令将因不再有存在的理由而被撤销，第一战区海岸司令部会顺理成章地接替本该由我们来完成的任务。"

达尔朗的这些安抚性的解释与威胁并不能消除卡斯泰心中的不安，卡斯泰重新撰写了一份报告，他在报告中作出一个十分极端的假设，即德国人突破防线并包围敦刻尔克，联军开始大规模撤退，在这种情况下，为防止德军从海上实施补给，必须要制定撤退及摧毁港口的预案，预案应包括破坏港口设施、阻塞海上通道、炸毁岸上仓库等，他再次对将指挥部设在敦刻尔克提出批评，并对达尔朗的解释作了逐一的反驳。

几天后，他将一份内容相似的报告直接提交到国防部长埃杜阿赫·达拉迪耶办公室。毫无疑问，他又一次违反了军事法规，越权行事，因为他没有任何直接向部长提交报告的权力。这一切清晰地表明，他已经不再对达尔朗改变原有意图抱任何幻想，达拉迪耶部长在卡斯泰任高级国防学院院长时曾给予他极大支持，这次，他试图能得到部长的再次支持，不幸的是，达拉迪耶部长此次没作任何表态。

10 月 21 日，甘末林将军在圣奥梅尔举行了一次高级将官会议，卡斯泰也应邀参加。儿时的记忆仍在脑海中显现，但他已无暇顾及那些曾经熟悉的过去，他希望这次会议能让他的意见得到更多的关注。结果是不言而喻的，会上，将军们激烈地讨论着各种击败德国人的可能性，唯独他的意见遭遇冷落。会议结束后，他将早已撰写的有关北方战区的作战指导报告分别交给甘末林及彼罗德将军，同一天又向达尔朗递交了该报告的副本。

在这份报告中，卡斯泰阐述其对地面战争的思考，他认为，1914 年，德国的主要进攻方向是比利时，而这一次德国人的主要目标将是加莱地区，其主要依据是：德国的北部出海口不利于德军实施更大范围的军事行动，占领加莱地区可使德国潜艇在英吉利海峡之间有更大的自由活动空间，可以彻底切断英法两国的联系，此外，它还为德国人提供了一个良好的基地，一个实施空袭英国东南部地区的最佳基地。德国人首先不会发起海上作战，所有的威胁均来自于陆地战场。

基于对这一战场形势的分析，卡斯泰重新部署了他的兵力配置，将主力部队部署在防区的东侧，面向法比边境，同时，他委托有陆地作战经验的丹斯准将组成新的指挥分部，全面负责辖区内的防御指挥。随后，他又下令对部队实施重新编组，所有能力不强的作战单元均被派往沿岸海区担负警戒任务，他将这些防御行动称为"沙袋计划"。他认为，"至少需要 1 万人及1600匹马，换言之要一个步兵师的规模"才能达到他想要的防御效果。但是，现有的兵力显然是不够的，尽管第十六军有三个师的兵力在同一作战方向，却不归他辖制。唯一好处就是，"有了第十六军，可以大大改善我方右翼防守弱点"。不过，卡斯泰需要的是真正的防御力量。第十六军在卡斯泰防区前方四十公里处，从西向东占据了六个师的防御宽度，而它的实际兵力数量却远远不够。为了能在战时充分阻止德国人进入加莱地区，卡斯泰提出使用海水设障法，即挖凿多条壕沟灌入海水，形成阻拦阵地以协助防御。他曾向彼罗德将军解释道："引用海水制造障碍之后所带来的危害会因雨季时大量淡水的中和而得到有效缓解。"卡斯泰希望彼罗德将军向战区最高指挥官转达他的这些想法，同时，他也迫切要求"最高司令部在这些问题上尽早作出决定"。

甘末林并没有及时就此问题作出答复，最高指挥部的将军们对使用海水的做法均持反对意见。卡斯泰的做法全然不像是一名海军，仿佛18世纪的陆军，虽然他的很多行动没有向达尔朗汇报，后者还是得到大量报告显示卡斯泰正在"搅乱局势"。10月26日，达尔朗来到敦刻尔克对北方司令部防区进行了一番全面巡察，陪同达尔朗一同前来的乐吕克准将以备忘录的形式将巡察结果记录在案，备忘录对卡斯泰的评语是："……随意改变作战任务，不顾一切实施其所谓的'沙袋计划'。"达尔朗在巡察时未作任何表态，只是平静地对卡斯泰说，陆地战场不会如他所想象那样发生可怕的后果。

回到巴黎后，达尔朗以海军最高指挥官的名义向卡斯泰发出两份措辞严厉的命令：

1. 您没有资格直接向战区最高司令部提交报告。

2. 战区最高指挥官是战场唯一的作战指挥总司令，是他而不是国防部长来处理您的报告。

3. 我完全不同意您的那些建议。

另一份命令也在同一天随后发出：

您正进入一个与您无关的领域，陆地战场最高指挥官已对此作了充分考虑而无须您的涉足。我再次向您确认，在您的领域，您的任务应该且永远是防御敌方舰队。

达尔朗的上述命令其实反映了他的官本位思想，他或许已经意识到了陆军的布防弱点，但他不希望为陆军作出任何牺牲，保全自己的实力以得到更大的收获才是他深层的意图。然而，这种投机冒险的想法最终令他付出了最惨痛的代价。

达尔朗的命令让卡斯泰难以接受，虽然他的军衔地位在海军中名列第二，但却无法行使仅有的一点权力，将官如云的法军队伍，人才济济，却难觅知音，他感觉自己似乎是一个人在战斗。一周后，卡斯泰以极其复杂的心情对达尔朗的命令作了回复，他首先为自己的行为进行了一番辩解："我负责第一战区沿岸防御，正因为如此，才发现自己处于一个完全不同的形势下，沿海地区可能会受到的威胁，并不仅来自海上周边地区，真正的危险是其右翼，即敦刻尔克防区右侧陆地。因此，很显然，敦刻尔克地区必须部署我曾提出的陆地作战部队，而不是让他们闲置在其他地方。然而，我却并没有被赋予这项任务，只能尽最大可能来实现这一目标。……从军人的角度出发，忧患意识一直是我的生活准则，我仍然坚持上述做法，因为它与我的军人价值观并不矛盾。"接着，他又以另一种语气写道："鉴于对军事态势认识的差异，往往导致我借此并不总是按照您的意图指挥部队，并导致您的不满。我有一个隐约的直觉，那就是战场最高指挥官可能还没有注意到我所提到问题的后果，这也许会降低未来我与他的关系。这些顾虑，使我原本不佳的健康状况变得更加糟糕，这也意味着我履行现职特别困难，我希望不要出现我才开始的良好开端又恢复到最初的阶段。因此，我诚挚地请您解除我的北方舰队指挥官职责。我将很高兴地担任任何其他职务包括指挥陆地战场，并与您密切配合。我衷心希望在我短暂的休假之后，上述要求能得到您的眷顾。"

卡斯泰的担忧没过多久就得到了验证，11 月初，有关德国人将攻打西欧的迹象越来越明显，终日歌舞升平的法国人终于意识到战争就在眼前。11 月 7 日，即在卡斯泰发出上述回复的同一天，最高指挥部发出了加强瑟堡地区防空力量的命令，8 日，又下令将布雷斯特及土伦海军军区的部分兵力派往敦刻尔克地区，9 日，第四鱼雷艇支队并入敦刻尔克战区。这些卡斯泰曾强烈要求的决定总算得以实施，但他们显然来得太晚了，递交达尔朗的回复已经送出。

当然，他并没有完全失去信心，他希望经过短暂的休息后达尔朗会给他一个全新的、令他兴奋的结果。但，他太天真了。

卡斯泰对战争局势的准确把握令达尔朗多少有些尴尬，他早已将卡斯泰看作唯一的对手。他一方面给卡斯泰回复了一封信，指出，前两份命令并不是谴责，"它们丝毫没有纪律惩戒的意味"，而且它们是"在军事态势发生重大变化之前的命令"，"您对战局作出了正确的判断"。另一方面，他毫不拖延地开始运作卡斯泰所提出的要求："您的身体状况以及您所提出的休假请求表明，继续履行您的职责已经十分困难。我再次仔细阅读了您的来信以证明您所提出的解除指挥官一职的要求。您的军衔等级使我无法在目前的体制内寻求一个更加合适的职位。"他向国防部提出将卡斯泰转入预备役将军团的建议，这是他摆脱对手最体面的手法而且不易招致国防部的反对。卡斯泰识破了达尔朗的用意并表示拒绝接受这一安排，他写信给达尔朗，感谢他"照顾（他）的个人处境和（他）的健康"，并提出按军官退休法的要求实施身体检查以证明他仍可继续服现役。

在前往图尔接受体检之前，卡斯泰所做的最后一件事是向第七集团军指挥官吉劳德递交了一份通告，这份通告实际上对甘末林的军事行动提出了批评，并建议吉劳德将军减少埃斯考河下游的兵力部署，而将主要作战力量集中于埃斯考河中上游。对甘末林计划不敢有任何更改的吉劳德自然不会考虑这一意见。1940 年 5 月，敦刻尔克大撤退再次印证了卡斯泰的判断。

卡斯泰于 11 月 17 日离开敦刻尔克，体检时间定于 18 日，在图尔的一家海军医院进行。经过一整天的各项检查，海军总军医乌达尔在最终的体检报告上做出如下结论："体力疲劳加剧……心脏衰竭……精神呈焦虑状态……无法治愈，建议转入预备役将军团。"三天后，1939 年 11 月 12 日，爱丽舍宫签发了海军上将卡斯泰转入预备役将军团的命令。

命令传到卡斯泰手上时，他正在老家休养，他的第一感觉就是："这是个阴谋"，"完全是达尔朗一手操办的结果"，18日结束的检查，21日就签发了转入预备役的命令，从图尔到达尔朗指挥部所在地曼特农，再到海军部最后到爱丽舍宫，报告的传递只用了三天时间。如果不是预先有所准备，只能说这是一个"创纪录的命令传送速度"！事已至此，卡斯泰无法作出任何回应。

11月23日，达尔朗虚情假意地给卡斯泰写了一封信，希望他早日康复。对达尔朗不再抱有任何幻想的卡斯泰以同样的语气回信道："感谢您对我健康状况的关心以及您为我作出的一切努力，我将永远铭记您的……友谊。"

毫无疑问，卡斯泰此时的离开对海军乃至法国都是一个令人痛心的损失。如果他的建议能够被采纳，或许不会改变法国的战争局面，但肯定能改变敦刻尔克大撤退的结局，法国会因此保存更多作战力量，而以后的局势谁又能准确预测？

告别军界

转入预备役也就意味着职业生涯的结束，1939年12月，卡斯泰选择了退役。医生认为他的身体状况不会有太大问题，但同时建议他好好休养，于是卡斯泰回到老家维尔纳弗。乡下的日子依旧平静，仿佛什么都没发生过，然而他的内心却无法平静。

1940年5月10日，西欧战役打响。但是素有欧洲大陆第一强国，在第一次世界大战期间曾经成功拖住德军4年之久的法军，仅支撑了50多天就放弃了抵抗，敦刻尔克战役证明了他的预言。1940年6月22日晨，在巴黎郊外贡比涅森林福煦元帅的专车上，法国屈辱地与德国代表团签订了停战协定。根据协定，大半的法国领土，所有大西洋岸的口岸基地，重要的工业和富饶的农业区都交给了德国，法国维希政府只保留法国南部与法属北非的殖民地，由维希法军进行管理，并不许通敌。针对法国海军，协定第八条更是直接规定：法国舰队除为保卫法国殖民地利益及维希控制的领土而留置那一部分外，应一律"在指定的港口集中，并在德国或意大利监督下复员或解除武装"。法国海军——这支世界第四大海军，被迫封存在土伦、阿尔及尔、奥兰港和卡萨布兰卡等几个港口，无助地等候着命运对自己的宣判。

失败来得如此之快，大大超出卡斯泰的想象，伤心、郁闷以及难以摆脱的惆怅像一把把利剑刺痛着他。他强烈反对维希的贝当政府与德国签订停战协定，即使战后有人认为停战协定保护了法国免受更大的破坏，他仍然认为那是一个可耻的投降，并撰文尖锐地批评停战协定拥护者。在乡下休养期间，达尔朗曾来到距维尔纳弗仅十余公里的巴赫巴赞村庄休假，但卡斯泰却没去见他，当然，达尔朗也不想再见到这个"性格古怪的家伙"。

战争给法国带来的创伤是多重的，沦陷的法国是否还有真正的政府存在？除了国家内部分裂，外部势力同样威胁着法国的未来，无论英国还是德国都只会为法国带来巨大的危险，卡斯泰对此有着十分清醒的认识。德国的目的非常明确，就是要征服欧洲大陆，而对英国来说，其目的之一就是要阻止法国与德国为伍。此时的法国，没有了敌人，也失去了盟友，进退两难的维希政府即使抛弃德国转向与英国结盟，也不过是出了虎口又入狼窝。

对于法国海军来说，一场噩梦正等待着他们。在获知法国投降后，为防止德国利用法国海军进攻英国本土或威胁运输线，英国海军开始执行以夺取和控制法国海军为目的的"弩炮计划"，该计划于 1940 年 6~7 月在三个区域进行。在英国本土的朴次茅斯和普利茅斯军港，6 月 24 日早上，英国海军突然解除了法国舰队武装并实施武装管控。在法属西印度群岛，7 月 3 日，当地法国舰队与美国达成协议，解除了武装。在北非海岸的奥兰和米尔斯克比尔军港，英国提出以下条件：

1. 和英国一起继续对德国作战。

2. 裁减船员，并在英国人监督之下开往英国港口。

3. 在英国舰队监督下开往西印度群岛的一个法国港口，并解除武装，或交美国托管。

如法国舰队拒绝以上建议，则必须于 6 小时之内自行凿沉舰只。这样的要求遭到法国舰队的拒绝，于是英国皇家海军舰队在萨默维尔海军中将的指挥下，对港内的法国舰队发动攻击，世界海战史上最无奈的米尔斯克比尔战役开始了。在英国海军海空火力的夹击下，困在港内的法国舰队几乎全军覆没，1297 名法国水兵失去了生命。英国海军这一落井下石的行为使昔日的盟友兵戎相见，贝当政府当即断绝了与英国的外交关系，达尔朗下令采取报复措施，轰炸了直布罗陀。从此以后，法国海军视英国海军为宿敌。

"弩炮计划"后，法国海军实力大损，但英国海军仍不放心，因为法国海军战列舰"黎塞留"号还存在，英国人视其为眼中钉。1940 年 9 月，英国对驻北非达喀尔的法国海军舰队发动了"威吓"进攻行动。战斗中，驻达喀尔的法军舰队得到了炮台和本土赶来的巡洋舰队的有力支援，击伤了英国驱逐舰"英格菲尔德"号、"先见"号和"坎伯兰"号，重创了"坚决"号战列舰。法国有两艘潜艇被击沉，两艘驱逐舰被烧毁和搁浅，"黎塞留"号战列舰被创。达喀尔之战的结果是维希政府获胜，但英国也完成了最主要的目标——"黎塞留"号战列舰被创。英国彻底消除了可能来自法国的海上威胁。1942 年，美、英两国共同制定了在法属北非登陆的"火炬"作战计划，计划以此为跳板，进攻"鳄鱼柔软的下腹部"——意大利，实现反攻欧洲大陆的目的。两国特混舰队于 1942 年 11 月 8 日分别在法属北非的阿尔及尔、奥兰和卡萨布兰卡地域登陆。但登陆部队遭到了对英军极度仇恨的法国海军的猛烈还击。已是维希政府三军总司令的达尔朗决心转向与英国人结盟，他命令法属北非各地立即停火，并下令驻土伦和达喀尔的法军剩余舰队迅速开往北非支持盟军登陆。但是，土伦的法国舰队不愿与英国舰队一同作战，他们无法原谅英国人在米尔斯克比尔和达喀尔所犯下的错误，土伦舰队司令德拉波尔德上将拒绝执行达尔朗的命令。与此同时，法属北非各地停火的消息传到了德国，希特勒立即下令占领全部法国，并计划夺取驻土伦的法国舰队。面对德国人的包围，达尔朗显示出了无与伦比的英雄本色，他拒绝了英国人的援助，也不愿意向敌人屈服，不论他们是德国人还是英国人。1942 年 11 月 27 日，达尔朗向土伦舰队发出了一条特殊的命令，这是一条充满悲壮色彩的命令——自沉舰艇，法国海军 10 多年苦心经营的结果，包括 3 艘战列舰，8 艘巡洋舰，17 艘驱逐舰在内，共计 160 余艘舰艇全部自沉于土伦港，达尔朗平静地接受着眼前这一残酷的现实。

与达尔朗同样接受现实的还有远在维尔纳弗河畔的卡斯泰，他无法表达自己此时的心情，他的命运与海军的命运何其相似，出师未捷，身已先死。达尔朗或许不是这一悲剧的导演，但肯定是这一悲剧的主角。

在随后的日子里，卡斯泰拒绝出任一切与政府有关的职务，对维希政权他无话可说，也不想说什么，与他们只打过两次交道，第一次是为了村里的一所小学校。由于这所学校是共济会性质的学校，因而遭到政府的取缔，卡斯泰为此积极参与申诉，帮助校长解决了所有与政府相关的问题。第二次是因为他发表的文章遭到查禁，为此他向主管部门提出抗议，主管此事的普拉东，曾经是他的部下，现在成了维希政权的追随者。普拉东看在老上司的面子上尽可能地帮助了他。事实上，尽管远离了战场，卡斯泰仍密切关注着战局的进展，每月他都会向《快讯》杂志投送一至两篇战争记事及个人评论，就是这些文章引起了当局的注意并遭到部分查禁，要不是普拉东后来睁一只眼闭一只眼，遭到查禁的文章会更多。

从这些文章中，我们可以看到卡斯泰对第二次世界大战的一些观点与看法。总的来说，卡斯泰对英国与美国的战略持严厉的批判态度，例如，他批评英国错误的外交政策将日本推向了德国一方；美国在战争初期对太平洋战场的重要性认识不足；盟军在作战中未能利用其优势迫使德国改变作战节奏，等等。同时，对轴心国的战略他也表达了自己的看法，他认为德国对俄国攻击是战略性错误；而日本对印度洋进攻的失败，完全是因为其过长的海上补给线及远洋进攻能力的不足。当然，由于没有实际参战，卡斯泰对战略、战术的认识也存在部分偏差，比如，过分看重敌方的防御力量使他很长一段时间对登陆作战持否定态度，迪耶普战斗的惨败更是坚定了他这种观点。

1942年春，战争形势对同盟国极为不利，德国占领了整个西欧并侵入苏联腹地，斯大林要求丘吉尔立即在西欧开辟第二战场，缓解苏联的压力。然而，这时的英国和美国还不具备大规模登陆的实力。受形势所迫，丘吉尔决定于1942年在法国沿岸某处发动一次奇袭，以吸引德军的注意力，缓解东线压力，同时也希望通过实战试验新装备，获取两栖登陆作战经验。这次代号为"庆典"的奇袭行动选在法国港口小镇迪耶普。之所以选择这个小镇，是由于迪耶普处于英吉利海峡最窄处，进攻路线短，而且处于皇家空军战斗机的作战半径之内。作战的直接目标是摧毁德军的防御工事并抓获一些俘虏，获取军事情报。

登陆部队总兵力6100多人，包括4963名加拿大官兵、1000名英军敢死队员和50名美军观察员。皇家空军抽调了74个飞行中队为此次行动提供空中支持。加拿大第二步兵师师长罗伯特少将负责统一指挥。按照行动计划，加军和英军首先在迪耶普东西两侧的四个地点登陆，摧毁那里的德军炮兵阵地。在发起侧翼进攻半小时后，加军两个步兵团和一个坦克团将在迪耶普海滩登陆。

8月18日深夜，加军和英军进攻部队乘上登陆舰艇，同其他护航舰只一道，驶向迪耶普。8月19日清晨，准备冲击滩头的英军登陆艇意外遭遇了一队德军巡逻艇。双方交火声惊动了德军守卫部队。德军的岸炮、反坦克炮、迫击炮和轻重机枪一起向加拿大登陆艇、坦克团和英国敢死队员们开火。登陆部队伤亡惨重，只有370名加军士兵幸免逃离了迪耶普海滩。与此同时，同盟军空军在空中同德国空军展开了一场同样激烈的空战。英国皇家空军损失巨大，106架战斗机被击落；加拿大皇家空军损失13架战斗机。

整个战役到上午11点结束，作为英美盟军开辟第二战场的一次悲壮预演，迪耶普奇袭以彻底的惨败而告终。卡斯泰认为，英国人的这次行动是毫无价值的送死行动，因为进攻行动完全取决于成功登陆人员的数量，即使英军登陆艇没有遭遇意外，要想在对方防守严密的滩头站稳脚跟也是一件极其困难的事，在机械化和飞机时代，敌方在瞬间就能形成强大的反击能力，而登陆兵力攻击的又是敌方的力量中心，这些都使得登陆作战是一种不可取的作战样式。然而，诺曼底登陆作战的成功使卡斯泰认识到上述理论的偏差，战争结束后，他又仔细研究了诺曼底登陆作战的全过程，才充分意识到登陆作战的可行性及重要性。

1945 年，日本广岛、长崎的悲剧标志着核战争时代的来临，卡斯泰迅速意识到原子弹这一新式武器的战略地位。1946年 10 月，《国防杂志》发表了他的一篇题为《原子弹概述》的著名文章，文章指出，原子弹这一决定性的进攻武器，只能是一种最后的武器，不能用于战争的初期。拥有原子武器的国家要慎重使用同时要防止其对外扩散，因为不论国家强弱，只要拥有原子武器就能给对方造成同样致命的打击。这些论述首次清晰地勾画出了核时代对等威胁理论的轮廓。

最后的日子

1947 年，法国高级国防学院改名为高级国防研究院，然而卡斯泰当初建立国防学院时的相关资料都已下落不明，新上任的院长马斯特将军亲自来到卡斯泰家中向其请教。马斯特的维尔纳弗之行很有成效，不仅得到了相关资料，还获得了卡斯泰的一些讲义手稿，更为重要的是，卡斯泰答应前往巴黎以个人身份为研究院作学术讲座。

一切似乎都在走向正轨，卡斯泰又开始忙碌起来。他成了《国防杂志》的专栏作者，每个月都能发表至少一篇文章。重返巴黎的这一年，他甚至每个月发表三到四篇文章，这些文章主要以他的讲课内容及个人观点为主。除了在高级国防研究院作报告，国家战争学校及海军战争学校也邀请他前去讲课。年龄并没有改变他演说家般的风采，每一次的讲座都受到广泛好评。毫无疑问，这时的卡斯泰心情极为愉快，因为他可以无拘无束、酣畅淋漓地向人们传达他的观点，而更令他感到惬意的是，他可以和现役军官们共同探讨军事理论问题，人们给予了他最慷慨无比的敬重，他没有在怀旧中惆怅，而是在豁达中新生。一天，在国家战争学校讲课结束后，荣誉再次降临到他身上，图卢兹百花诗社问他是否愿意选择来图卢兹讲课，这是一个巨大的荣誉。创建于1323年的图卢兹百花诗社可以说是西方最早的文学社，在法国甚至欧洲的文学界、学术界享有极高的地位。卡斯泰从未想过能得到这份殊荣，这说明他的成就已经超越了军事领域，得到最广泛的认可。

1955年12月，卡斯泰与《国防杂志》的合约到期，《印度支那战争的战略意义》成为他在该杂志上发表的最后一篇文章，这之后，《国防杂志》结束了与他的合作协定。与此同时，他也逐渐减少了对外活动。1958年10月1日下午，国家战争学校的报告大厅里，座无虚席，80岁高龄的卡斯泰为全体学员作了一场近两小时的报告。报告结束后，像往常一样，全场响起了长时间热烈的掌声，卡斯泰缓慢地走下讲台，夕阳透过高大的门窗照在他苍白的脸上，在他身后，拉长的身影久久地印在讲桌旁……

尽管他十分乐意继续工作下去，出于对他身体状况及年龄的考虑，人们已不再邀请他讲课。不过，卡斯泰并没有中止思考，仍密切关注着世界形势，对中苏关系问题、苏美在海洋争霸问题都作出过独到的评述。1959年7月14日，法国国庆日，卡斯泰得到了一生中最高的荣誉——荣誉军团大十字勋章。戴高乐将军在这一天给他写了一封亲笔信，信中称道："我永远不会忘记我的一些理念完全归功于您，归功于对您的战略理论的拜读。您的努力堪称是无与伦比的典范。"海军中将勒·彼高专程来到维尔纳弗为他披上绶带。

1967年，海军高级战争学校校长杜瓦尔寄给他一封祝福信，卡斯泰随即回信："……海军战争学校永远珍藏在我心中，她照亮和温暖了我的晚年，我把全部的希望都寄托在她身上，寄托在海军的未来及军事思想的发展上。"回信两个星期后，1968年1月10日上午，海军上将卡斯泰在他的办公椅上安详地闭上了双眼。

第6章

战略理论

　　1926 年 12 月，卡斯泰来到了海军高级研究中心，这时，他准备重新着手进行两年前曾放弃的写作计划，一是完成《海上联合打击力量》一书后五章的撰写，二是将其战争日记整理成章节发表。但很快，他又放弃了这项计划，取而代之的是一部全新著作的撰写，这是一部宏大的海军战略理论总结，卡斯泰将其命名为《战略理论》。

　　到底是什么原因促使他再次放弃正在进行的计划转而投向一个全新的写作，一直让人感到费解。他的弟子保罗·查克在整理他的日记时发现了一些蛛丝马迹，这些迹象在《战略理论》的前言部分也能察觉到，那就是他突然担心自己是否能在有生之年完成一部传世巨著，这部著作不仅要在他生前完成，更重要的是自己能亲眼看到它的出版，看到自己的理论能够变为现实。这种解释或许不全面，但至少从一个侧面反映了卡斯泰不为世人所了解的内心世界：推动军事理论尤其是海军战略理论的发展是其毕生的追求。

　　《战略理论》一书是从何时开始构思，准确的时间已经无从知晓，卡斯泰没有留下任何相关说明，有关这部著作最初的手稿均被他付之一炬。从他在海军高级研究中心的授课记录来看，应该是自1927年就开始形成了理论的最初部分，第一版发行的前四卷内容与其授课内容是基本一致的。《理论》的第一卷及第二卷完成的速度非常之快，用时分别为七个月和六个月，对这两部分内容的长期思考，使他在写作时文思泉涌，绝大部分章节不需要停下思考，文章基本上是一气呵成。1929年8月，《理论》第一卷正式出版。后三卷的写作速度明显要慢得多，其中一个主要原因就是，他于1928年被提升为准将，并离开了海军高级研究中心，这之后，他相继担任地中海第三分舰队参谋长、海军副参谋长、海军战争学校校长等职务，太多工作打断了他的写作节奏，不断更换的工作岗位使原本就极少有休闲活动的他更是难以集中精力写作。即使在这种情况下，为了完成自己的心愿，第三卷仍于1928年开始创作。从1931年11月至1935年1月，后三卷也相继出版。

可以毫不夸张地说，《战略理论》以其近3000页的篇幅成为近代海军理论首屈一指的长篇巨著，但其所产生的影响到底有多大，却至今难以准确说明，即使在法国也一样。尽管卡斯泰获得了极高的评价，每一卷《战略理论》的出版都得到了法国主流评论的一致称赞，但书的销售情况只能说是一般。第一卷首次出版于1929年，直到1936年才全部售完。头两卷在第一个销售年售出300册左右，第二年降为100册，之后，基本上固定在年均出售50册的水平。1937年，第一卷第二版发行，它的销售情况才有一些好转。

如同马汉的著作在美国最初并没有引起重视一样，卡斯泰的《战略理论》同样没能逃脱在国内被束之高阁的尴尬。评论叫好却不叫座，事实上，绝大多数的评论其实含有对著作不理解的成分。《海军杂志》对前四卷所作的分析报告充分反映了这一状况，其对前两卷的分析报告还算是客观并忠实反映了原文的意思，但对后两卷的分析则显然不太如人意。

法国军事理论界对《战略理论》一书的理解也是停留在极其肤浅的水平上，海军战争学校的教授们很少引用卡斯泰的观点，这或许能说明，为什么像法国这样一个从不缺乏思想家的国度，在这一时期却没能产生多少伟大的海军战略理论家。

　　到了1945年，人们对这部巨著几乎很少提及。这其中一个主要原因就是，战后的欧洲尤其是法国，遍地疮痍，百废待兴。人们需要的是和平，需要更多的时间来医治战争的创伤。战争，这一人类发明的特殊产物，此时，随同它的理论一道，遭到人们的暂时抛弃。两年后，查森将军在编写《法国军事理论家文集》时，才再一次将这部巨著推到了极其重要的位置。另一位法国将军博弗赫也看到了《战略理论》的价值，他给卡斯泰写了一封信，信中写道："在战略失去光彩的年代，这是唯一一盏闪亮的明灯。"当时，博弗赫正在筹建法兰西战略研究院，他一度想过让卡斯泰来担任总监，不过这一想法最终没能实现。

　　令人想不到的是，在法国之外，卡斯泰的《战略理论》却获得了巨大成功，它的影响集中在两大地区：拉美国家与地中海沿岸国家。

　　在阿根廷，卡斯泰被认为是30年代最伟大的战略家，布宜诺斯艾利斯海军战争学院将全部的理论著作翻译成六卷（第五卷被分成两卷），陆续出版于1938年至1942年。在巴西，尽管没有葡萄牙文版本，但两次大战之间，差不多所有的巴西海军军官都读过这部著作，而且是原版法文著作，《战略理论》成为巴西所有海军学校的基本教科书。该书以极强的生命力影响着南美海军直至今日，阿根廷著名现代海军战略家弗尔南多·米利亚在自己的著作中就曾多次引用、评论过卡斯泰的观点。

　　在地中海地区，《战略理论》同样受到推崇。希腊《海军杂志》翻译了其中的部分章节，而大部分军官都阅读原版著作，不仅军界如此，希腊政界、新闻界同样也十分看重该著作，一些议员甚至引用其中的观点来抨击政府。1940年，一名希腊记者还给正在老家的卡斯泰写信要求对他进行专访。在南斯拉夫，第五卷的前三章于1940年被翻译成波黑—克罗地亚语，卡斯泰亲自为这一译本作了序言，后两章不久也被译出。该书同样也传播到了西班牙，尽管西班牙内战使该书的传播受到一定程度的影响，但西班牙人对该书念念不忘，1939年西班牙驻巴黎海军武官向卡斯泰提出授权翻译该书的请求，这一请求却遭到卡斯泰的拒绝，西班牙人最终引进的是阿根廷的译本。同样遭到拒绝的还有日本人，极力倡导西方文化的日本人一直在追踪欧美先进的军事理论，马汉的著作在第一时间就被引进了日本，日本人现在又请求将《战略理论》译成日文。对日本始终抱有疑虑的卡斯泰没有答应这一请求，只是礼貌性地向《东京日报》寄去了几篇有关海军战略的文章。

一名美国记者将该书介绍到大洋彼岸，美国《海军学院学报》很快刊登了这部巨著的内容摘要，卡斯泰的作品让讲究实用的美国人大感兴趣，著名的《外交》杂志向卡斯泰发出约稿请求，他们希望了解到法国政府在地中海问题上的态度与政策。伊尔勒在《现代战略家》一书中用较长的篇幅引用了卡斯泰的战略观点，该书成为美国人了解欧洲大陆军事理论家的经典之作。

对英国人来说，卡斯泰这一名字并不陌生，华盛顿会议上"李—卡之争"让英国人记忆犹新，《战略理论》在英国产生的影响是，英国人只看到了书中有关潜艇的使用观点。1929年12月，《时代》杂志发表了一篇分析详细的长篇文章，对卡斯泰的观点进行了尖锐的批评。相对于媒体的表现，里奇蒙将军则要冷静得多，他以一位军事理论家特有的态度接受了卡斯泰的学术观点，并应用到自己的著作《当代海权》之中。

德国人将这部巨著的每一卷都作了精心的缩写，《军事》杂志对其进行了广泛的讨论，并指出："德国人的老师之一，法国人卡斯泰所撰写的《战略理论》一书已被德国人广泛接受。"在众多军事理论家中，以罗辛斯基对该书的研究最为深入，他指出："卡斯泰之后，海军理论界就没再产生过新的战略理论家，后续所谓的战略学家不过是历史研究者或理论分析者。"

应该说，与马汉、柯隆布相比，卡斯泰的理论并没有什么伟大的创新，《战略理论》一书最大的贡献莫过于融百家之长，重申了制海权的重要性，其对海军战略思想的总结达到了前所未有的高度。

卡斯泰对传统海军战略思想的总结主要体现在三个方面：

一是总结了从 17 世纪大航海时代到 20 世纪新技术应用这一阶段的战略思想，其结论是，制海权仍是海军战略的主导思想，但技术因素对制海权的获取产生了重大影响。二是总结了海军战略及大战略，他指出，对于一个内陆国家，由于其主要威胁来自陆地，因而国家战略中的海洋成分大大减少，但对于一个海洋国家，特别是法国，海洋战略则是其国家战略的重要组成之一。三，也是其理论中最重要的部分，是统一了两种相对的战略观念：历史学派和青年学派。这应该说是卡斯泰理论中最为精妙之处，在他之后，也有人尝试将两种观念加以统一，但均未能超越，从这一点来说，卡斯泰不仅仅是一位继承者，也是一位理论创造者。

技术因素是海军战略发展的推动因素

马汉的海军战略理论完成于线形战列舰时代，其海战理论代表了风帆舰船或与其所处时代相近的海上作战，如 1861~1905 年的美国南北战争、1898 年的美西战争、1904~1905 年的日俄战争等，尽管其本人及其追随者都在试图寻求战略原则的永久性，但第一次世界大战已暴露出其海战理论的局限性。卡斯泰的理论完成于第一次世界大战之后，潜艇、航空兵以及各种各样的新式海上作战武器的出现打乱了传统作战模式。相对于马汉而言，卡斯泰更加注重技术因素对海军战争理论及实践所产生的效果。

随着潜艇在海战中的运用，卡斯泰逐渐将目光转向了这一新型作战力量。1920 年出版的《潜艇战之总结》是一部全面而深入研究潜艇这一新式兵力使用的著作，从中可以看出，卡斯泰对潜艇的使用采取了十分积极的态度。与同一时期相当多人对潜艇道义上的谴责不同，他并不认为潜艇是野蛮的杀戮性武器，"潜艇有着全新的和令人振奋的作战效能"。克拉克雷诺兹指出："卡斯泰是唯一一位仍在考虑使用潜艇对商船实施攻击的海军理论家。"潜艇战理论被德国人广泛接受，以邓尼茨为代表的德国海军坚信，"一战"中德国潜艇的辉煌会在随后的战争中有着更广阔的前景，因为，法国人为他们作出了全面的总结。

相对于潜艇而言，航空兵在最初并没有引起卡斯泰太多的关注，尽管有过航空兵部队任职的简短经历，但 20 世纪 20 年代至 30 年代初，高性能的海军飞机十分有限，这使得 1914 年至 1918 年战争中航空兵所表现出的作战能力相当薄弱。然而，卡斯泰还是对航空兵寄予了厚望。他认为，只要提高海军飞机的性能，航空兵就一定能在战争中大显身手。在当时，这种观点很难得到军界高层的支持，军队的元老们对新式武器的出现似乎总是心怀疑虑。值得注意的是，里奇蒙同样在这一时期未能意识到航空兵的重要性，头脑中固有的舰队决战思想令他一直低估了航空兵对水面舰艇可能造成的危险。《战略理论》第一卷出版后,卡斯泰已经充分认识到了航空兵的重要性,他指出:"空中优势已成为保持海上优势的先决条件,制海权必须包括制空权。"随着第一次世界大战后飞机性能的大幅提升,《战略理论》第五卷更是突出强调了航空兵的地位,他说道:"空中一词将会成为未来海洋战场及地面战场的关键性、决定性一词,空战将占据战争四分之三的权重。"用今天的目光来看,这句在当时并不起眼的论断却充分显示出卡斯泰对战争模式思考的巨大超前性,如果说伟大的理论家其特征之一是能够站在时代的前沿并能预测事物未来的发展,那么,卡斯泰无疑是那个时代伟大的理论家。在《战略理论》第一卷,他就曾指出:"战争初期,运用航空兵对敌方港口及主战舰艇实施突袭将成为最大的可能……可以预见,类似日俄战争中俄罗斯对日本长途奔袭的情况还会再次发生,不过,将会以航空兵攻击形式而出现。"十年后,珍珠港事件与卡斯泰的预言出现了令人难以置信的吻合,除作战双方由日、俄转换为日、美外,所发生的一切或许证明了卡斯泰无愧为一个伟大的军事理论家。

《战略理论》第一版发行后,卡斯泰就已做好再版修订准备。他强调:"这部著作并没有完成,完全有可能存在许多遗漏,一些重要的概念可能没有表述清楚,一些观点也没有经过更严格的思考。很显然,它并不是一件最终作品,因为,越是对问题做深入的研究,就越会发现一些观点需要修改与完善,另外,技术的不断进步也迫使它必须做出相应的修改。"

卡斯泰决定利用再版的机会对所有的著作进行一次大范围的修订,相当多的内容都要重新撰写。之所以这么做,除了他对此作出的解释外,另一个因素则是出于对出版发行量的考虑,第一版的发行销量一直不佳。修订后的版本对一些重要概念作了大量补充性说明,除"战略的总体思考"一章外,其余章节都作了近十页纸的增补。新修订的内容主要为以下几项：

一是对潜艇作战的后续思考。1929 年之前，他曾提出，潜艇只能对水面作战舰艇进行攻击，不得对民用商船实施攻击，这是迫于当时的战争规定。随着德国人潜艇的无限使用，这一规定形同虚设，潜艇的使用已经没有了道义上、法律上的障碍，他完全可以极尽所能地将潜艇战理论充分发挥出来。对于他来说，利用潜艇攻击商船，是对敌方海上交通线实施控制的重要手段，对控制战争进程起着至关重要的作用。

二是关于航空兵的使用问题。在新版中，他指出，航空兵应得到更多的关注，必须要投入更多的经费，因为这种兵力完全有能力无任何区别地参加海上战争与陆上战争。英国航空兵的发展已能够在战役的初期迅速投入使用，而法国在这方面的能力还存在巨大的差距。但他同时又指出，飞机技术的进步，带来一个越来越严重的问题，那就是水面舰艇兵力的组成，这些问题都需要在新版中作进一步的阐述。卡斯泰对卡米尔·罗格龙提出的飞机将最终取代水面舰艇的观点持反对意见，他认为卡米尔·罗格龙过分夸大了飞机的性能，但可以肯定的是，水面舰艇在没有可靠防御的情况下将遭到飞机的巨大威胁，尤其是对海上交通线构成致命的威胁，他说："航空兵带来的威胁比任何时候都大，它迫使我们不得不尽一切可能去考虑如何做好防御。"

三是关于舰艇的吨位。第一版中，卡斯泰曾提出平均分配舰艇吨位的意见：30000吨的战列舰可以很好地分配为 3 艘10000吨级或 12 艘2500吨的反鱼雷舰，甚至还可以分解成 20 艘1500吨的鱼雷艇。这实际上反映了他的青年学派观点，即用小型舰艇对敌攻击。新版中，他则提出一种全新的战列舰概念：全装甲结构，甲板上只保留炮塔与指挥塔，其余部分均置于装甲保护之中。虽然这种想法在实际中并没能得以实现，但它却反映出卡斯泰头脑中根深蒂固的巨舰大炮思想，这种思想导致其对航空母舰的作用存在一个出人意料的错误认识。

对航空母舰这一因技术变革而出现的新式作战武器平台，卡斯泰始终未能作出清晰的表述。直到 1937 年，他仍然对航母的作用持怀疑态度。其对航母最大的疑虑在于它的机动性和攻击性上，他认为航母巨大的上层结构降低了机动性，飞机的起降又使其机动性能大打折扣，而其不足的火力配置更是难以抵挡主力舰艇的巨炮攻击。他说："舰艇与飞机相互结合，这看上去是个不错的想法，但却难以实现。航母并没有展示出它的优势，它将始终处于高速舰艇的追击和航空兵的打击之下而被淘汰，除非它有足够的能力保护自己。一旦它的上层建筑被破坏，也就意味着它失去了全部的作战能力。"今天看来，他的这番话显然低估了航母的巨大战斗潜力，航母非但没有被淘汰，反而成为国家实力的象征。但从这里，我们又可以看出卡斯泰对传统海军理论的继承。以战列舰、巡洋舰为主力舰艇实施舰队决战的观点在其头脑中可谓根深蒂固，此种观点甚至到第二次世界大战结束之后仍未有多大变化。1954 年，在其发表的最后一篇有关海军战略的文章中，他说道："第二次世界大战期间，在战列舰的支持下，航母才拥有了非同寻常的机遇。"事实上，太平洋战争已经彻底击碎了巨舰大炮主义者的梦想，航母以其无法阻挡的力量登上了海战的舞台，而卡斯泰却摆脱不了其固有的观念，这不能不说是其理论的一大遗憾。

战略的制约因素与战略机动

克劳塞维茨认为战略包括五种要素，分别为：精神要素，包括士兵士气在内；军事力量要素，包括数量、编成和组织形式；位置的几何要素，包括相对位置，部队的运动及其与障碍物、通道、目标等的几何关系；地形要素，包括可能影响军事行动的山脉、江河、森林和道路；补给要素，包括补给手段和来源。这种战略要素的划分法，其范围十分有限，主要体现的还是战术行为。与克劳塞维茨相比，马汉首次将战略的概念加以扩大，提出了和平时期海军战略的概念，并指出海权要素的组成为：国家的地理位置、领土的自然结构、领土的范围、人口组成、民族特性、政府特点及政策，其目的是拥有并维持海权。马汉理论虽来源于陆上战略，但他已彻底抛弃了土地层面的意义，对他来说，海洋才是终极目标。卡斯泰的战略理论在此基础上则更进一步，提出了大战略的概念，这使得其战略理论有着更为广泛的思想内涵。虽然他早期提出的有关战略及战术定义，如"战略是指战争的全局，战术包含于战争之中"，仍然十分传统，但它们却处于一个共同的观点之下，即"政治、战略和战术，这三种截然不同的元素构成了一个整体，一个完整而又相互关联的统一体"。在《战略理论》第三卷，卡斯泰对此有了更加清晰的表述，他指出："战略往往并不是孤立的，相当多的因素都会影响到战略所独有的领域，这些因素，我们称之为制约因素。"制约因素有其积极的一面，它可以引导作战部队投入决定性的战役当中，但是，当它禁止某些行为或某些行动模式时，则是其消极面的表现。制约战略的因素包括法律、政治、经济、军事、领土、精神等，它们中大多属于传统因素，是战争实际需要的必然结果，另一些，则是随着社会的发展而逐步出现在人类面前的，这其中，技术因素是最重要的因素之一。对比马汉理论可以看出，卡斯泰理论不仅仅限于海权，如果说马汉以大英帝国的崛起为参考，勾画出美国的发展方向，那么，卡斯泰则是从法国实情出发，提出了国家军事战略的总体构想。他首次将经济因素、技术因素作为战略的重要组成要素加以考虑，而这一切又是马汉从未列举过的因素。

事实上，卡斯泰的上述理论在达流斯的著作中已有表述，但并不清晰，卡斯泰则清楚地表达了战略理论的发展与变化，突破了海军战略受马汉理论所扼守的瓶颈。需要指出的是，卡斯泰是在一个与英国完全不同的环境下研究海军战略问题，英国的岛国属性决定了其战略的外向性，海上战略与陆上战略或多或少地经常被整合为一体，科贝特据此指出，海上战争与陆上战争同属整个战争现象的一个分支，他提出用海洋战略代替海军战略，因为无论就目的还是手段而言，此种战争已经超出了海军的范围且与陆上行动密不可分。对于法国而言，情况则大相径庭，普法战争的失败加深了法国人对海军在战争中作用的失望程度，对来自陆地威胁的担心远大于来自海洋的威胁，海军本身或许成为战略的制约因素。卡斯泰对此有着十分清醒的认识，他说："对一个陆地国家而言，海军在历史上的作用始终居于第二位。海军力量有时也会被作为一种必要条件而存在，但从未被重视过，也从未体现出其决定性的重要位置。"他指出，海军战略应与陆军战略相融合，从而生成更大的、居统治地位的军事战略，即大战略。这里，卡斯泰首度使用了军事战略一词，该词最初被视为同义反复，但在第二次世界大战之后得到广泛使用。

为了最大限度地减少战略制约因素中的消极面，卡斯泰提出了战略机动的概念。他认为每一个交战国必定有主要目标与次要目标之分，因此交战国的战场也有主要战场与次要战场之分，二者的差别在于发生在前者的决定性战斗结果具有足以左右战局的影响力，但是通常这种决定性的结果非常不易出现。而在次要战场上，由于那里的作战比较容易出现结果，因而次要战场的作战反而有可能超越原本的期待并带来超越在主要战场上所能得到的成功结果。但是要在次要战场获取成功则必须在该处拥有相对优势，战略机动的重点即在于如何创造这种优势。

卡斯泰认为：机动就是要改变或控制情况的发展方向，掌握命运而非屈服于命运，机动的目的就是要巧妙地运动以创造出有利的状况。因此，机动可在任何地方发生但却必须是自然地发生，正如一个人遭到攻击时的第一反应不是实施机动，而是想办法反击而无论其身在何处，但这样做的结果是分散了己方的力量。实际上，敌人的阵线不可能处处都很坚强，因为并非每处对其都具有同样的重要性，且主要战场亦非总是最坚强之所在，有可能是很虚弱的，但却一定是最重要的。因此攻方必须借由机动在主要战场尽可能创造出更多的机会，同时在次要战场上牵制敌人。为了达到这个目的，必须在主要战场集中兵力，而在次要战场尽量节约兵力，这两个原则即是战略机动的要旨所在。次要战场的作战是机动的关键，因为这里的任务是牵制敌军兵力使其无法增援主要战场，使己方的作战能确保安全，安全是实现机动的灵魂，也只有获得安全时才能要求保有行动的自由，而这正是整个机动观念的基本原则；次要战场上的兵力为了达到困住敌军的目的，并防止敌军在此取得胜利以破坏整个作战计划，以及保护海岸与交通线，必须以守势性作战为主，但是又必须清楚地摆出攻击性的姿态，也就是说次要战场的作战是以攻势防御为主，部队必须活跃，借由最小反击来获得与主战场同步进行的作战。战略机动要求兵力灵活、力量集中、节约用兵、攻势防御及最小反击，其最终目的是要求在所选区域上获得数量优势发动攻势，以求能改变原本的不利形势。

战略机动是卡斯泰战略理论中的一项重要论述，尽管"机动"一词的表述令人难以琢磨，但其最终意图仍在于获取制海权，对于以劣势兵力抗击优势兵力的海军而言，战略机动无疑是更为经济、更为有效的手段之一。

战略的原则与手段

卡斯泰理论中最为重要，也是最易被忽视的部分，是其对历史学派与青年学派的总结。

《战略理论》一书系统地分析了马汉、柯隆布等海军战略理论先驱的精华理论，也重新思考了青年学派的理论观点，从而形成了两种结论迥然却又相辅相成的理论总结。

卡斯泰最重要的思想来源可以说是达弗律的《海军战略实践》一书，他认为该书完全可以媲美马汉与柯隆布的著作，是法国有关海军战略理论的最优秀著作。"在达弗律之前，还没有哪位法国战略家如此深入地研究过海军战略理论，海军战略观存在于这本书的始终。"达弗律的理论精要表现在有组织的海上兵力运用及从海上实现对陆地的控制，卡斯泰完全接受了这一观点，而这种观点事实上也是法国海军历史学派的标志性理论。它表明，法国海军战略理论尽管与马汉理论有着惊人的相似之处，却并不完全出自于马汉的观点，而是有着自己独立的产生背景。达弗律与达流斯都是历史学派的捍卫者，对青年学派的观点持坚决的反对态度，达流斯在其《海军战略研究》一书中甚至说道："青年学派的观点犹如一颗毒瘤在疯狂向外散发着有害物质，必须用历史的观点对其加以评判并予以铲除。"与两位前辈相比，卡斯泰则表现出了更大的包容性，他认为："青年学派的理论并不是毫无益处，其所推崇的采取大量小型高速舰船对敌攻击的观点值得思考，潜艇及航空兵力量的出现为他们的理论注入了新的活力。在过去的几年中，青年学派所提出的海军战略理论同样对海军的发展产生了一定的积极影响，对于传统思想而言，这一影响可以看作理论的变革。"尽管在1914年以前，卡斯泰对青年学派的观点基本上持否定态度，而此时，他的思想已发生重大变化，他剔除了青年学派中一些过时的理念，将新型武器装备条件下的兵力运用观点融进了自己的理论之中。不难看出，卡斯泰的理论思想来源于传统的或者说是正统的历史学派，但又吸收了青年学派的观点，可谓集两大对立学派理论于一身。

第一次世界大战的爆发为卡斯泰全面验证以马汉为代表的海军战略理论提供了机会，科贝特也同样以此为契机，提出了异于传统海军战略的制交通线理论。在提出自己的理论观点上，相比科贝特而言，卡斯泰显然要谨慎得多，他将历史学派的全部理论应用于第一次世界大战的每一个细节中，以此来印证战略理论对战争的影响。这是一项严谨而深入的工作，他说："这一过程对我产生了深刻的影响，它使我最终度过了一场认识及精神上的危机。我感到了传统理论之柱的摇摆，我从它们的根基之处认真检查，发现了它们的不完善及裂缝之所在。我想我能够对其实施补充、改善，使这一理论更加坚固。尽管存在这样或那样的麻烦，但我得到了自身价值的回报。"

与历史学派相对应的理论是青年学派所提出的理论，自马汉以来，海军战略理论始终以海权论为正宗，它所采取的历史经验总结法为世人广泛接受，青年学派则成了异端学说。所谓青年学派，是指产生于19世纪80年代法国海军的一种理论思潮，其主要思想是利用小艇对敌实施破袭战，由于小艇多为青年军官指挥，他们对大舰的支配地位多有不服，因而对小艇的地位作用极其推崇，所提出的理论不仅在法国形成了一定的气候，甚至还影响到了奥地利、德国等欧洲国家。长期以来，青年学派的观点一直为历史学派者所诋毁而被称作异端学说，卡斯泰对这一异端学说的总结使其成为又一重要的理论体系。西奥多·罗普在《海权之大陆理论》一文中指出："战略理论一书是马汉与青年学派之间的最佳思想总结。"19 世纪末青年学派所引发的巡洋舰与鱼雷艇之争,表面上看是两种理论之争,但其背后所涉及的则是指导思想之争。

　　卡斯泰认为,可以通过两种方法对海军战略加以阐述,一种是历史分析法,也可称之为地缘历史法。这种方法给人一种整体及连续的现象,并存在大量深层次的不变因素,而恰恰是这些不变的因素往往又掩盖了新生事物的变化。马汉是军事历史研究的倡导者与典型代表,他曾说过:"一些伟大的军事领导人物曾告诫过,我们应该像这样去研究过去的军事历史,这种研究对于纠正我们的思想,对于巧妙地从事未来的战争都是必不可少的……尽管在过去半个世纪里,由于科学进步和采用了蒸汽作为动力,使海军武器发生了很大的变化,但是我们将会看到,研究过去的海战史,通过它来说明海战的总体原则将是很有教益的。"不过,马汉也承认,历史经验的研究滞后于社会的发展,他说:"对于帆船,我们已经有了许多实践经验;而对蒸汽舰船,实际上我们还没有任何实际经验。"然而,1914 年以前,海权论的巨大影响力使得历史分析法成为海军趋之若鹜的圣典。达流斯曾说过:"再也没有比这更加确切的方法来研究海军战略问题,它使我们对军事艺术有了更深刻的认识。"里奇蒙同样是这一分析法的忠实拥护者,他曾于第一次世界大战之后力图将历史的经验确定为不变的原则加以研究。

　　另一种战略分析法,卡斯泰称之为现实法或装备法,他说:"最近的战争已经显示出,技术这一事实将成为主要因素。"这种说法实则来源于青年学派的观点,但青年学派却将技术因素加以极端化,认为运用小型舰艇即可实现将对手封锁于港口内而无须控制海权,他们认为,鱼雷、水雷、潜艇等武器的出现使得大型舰艇日益变得脆弱易毁，以巨舰为基础的海洋战略已趋于没落，沙美斯曾说："在任何地方侏儒都曾杀死巨人。有远见的海军人士早已预料在未来海战中，威胁铁甲船的最大危险是许多小船分别从各方面同时向它发起突击，这些小船非常灵活且不易被击中。"在此思想指导下，整个制海权的观念因而也就变得毫无意义。卡斯泰并不完全赞同上述观点，他认为，制海权仍是一个国家海洋战略成功与否的关键，只不过，随着时间与空间的变化，技术因素日益凸显。冲角、鱼雷、巨炮、潜艇，这些技术的出现，无不对海军战略及海军实践带来巨大的影响。他总结道："综观现代海战史，可以看出，在海军战略问题的认识上，主要是两种对立学说之争，一种是有着完善体系的历史学派，另一种则可称之为装备学派，尽管后者杂乱且尚无体系，但其立足点却是武器装备的技术性能。"这里，卡斯泰首次提出了被后人称为装备学派的理论体系。

在上述两种不同的分析方法之上，他创造性地提出了战略原则与战略手段的定义，指出："从以往的战争经验中，我们得知，战略原则可视为一系列的真理集合。原则独立于行动方法之外，是战略理论中不变的主体内容，它包含了作战行动规则及各种作战概念。"而战略手段，是指"各类方法，各类运用，以及为实现战略原则而考虑的各类技术要素。所有军事问题其解决的关键在于，如何使用正确的手段去实施战略原则在特殊情况下的运用。战略手段依赖于武器装备，同时，也依赖于时间及地点。战略手段是战略理论中的变化组成体"。很明显，这种定义方法的前者是历史学派观点的总结，而后者则来源于对青年学派思想的总结。在这种定义之下，两种不同学派之间的统一就变得十分简单，如其所言："战略只有同时拥有原则与手段才具有生命力，原则与手段必须相互结合并协调一致。原则与手段之间是相互依存、相互需求的关系，没有良好

135

的武器装备，再好的战略思想也会居于劣势，同样，没有原则的指导，再精良的武器其作战效果也只会平淡无奇。因此，我们既要从历史研究中尽最大可能去搜寻原则，又要力求通过对武器装备的充分了解以获取最佳手段。"

西奥多·罗普对卡斯泰上述理论的评价是："对研究军事科学的人来说，卡斯泰是唯一全部接受马汉海权论却又采用青年学派观点分析现代海军战略理论之人。"这种独特的分析法，使得卡斯泰对战略理论有了更广泛的认识，手段的运用增加了战略理论中的变量因数，战略理论不再是不变的理论，他说："必须要考虑对手未来的发展、武器装备的使用……不存在什么灵丹妙药，也不存在所谓历史经验总结出的可指导一切的僵化理论。"卡斯泰对海军战略思想总结最伟大之处就在于此，他也因此而超越了传统海军战略理论思想。

制海是对海上重要交通线之控制

《战略理论》第一卷以较长的篇幅论述了海军战略理论发展史，它的价值体现在两个方面，一方面，他的这份总结在很长一段时间内一直是欧洲大陆唯一的海军战略理论史的全面总结，英国人乔弗瑞·蒂尔在 1982 年出版的著作《海洋战略与核时代》一书中也对此进行了总结，但蒂尔的总结不如卡斯泰的全面。另一方面，书中引用了大量参考资料、学术观点，他的参考资料以法文为主，但也阅读了大量英文、德文及意大利文等原版资料。这其中有人们熟知的作者，也有不被大众熟悉的作者，甚至包括海军战争学校学员的文章，卡斯泰不仅对他们进行了重新定位，更重要的是对他们进行了全面的评价，这使得《战略理论》一书成为具有重要参考价值的理论文集。

卡斯泰研究了自郝斯特以来所有的法国海军理论，特别是汲取了前辈如达弗律、达流斯的思想精髓。对达流斯《海上战争》一书，他给予了极高的评价，书中一些主要原则，他给予了极大的支持，他采用了达流斯关于战略的定义方法，那些指导作战行动的附属理论尤其是放弃无用的海外殖民地的观念，对他来说成为最重要的理论基础。

如果说上述两种理论构成了卡斯泰理论思想的全部，显然是不够的，马汉、柯隆布、科贝特等一系列法国之外的理论家同样引起他的强烈兴趣。在所有外国军事理论家中，马汉应该说是对其影响最大的一位，尽管他认为马汉的写作风格"晦涩、冗长、枯燥甚至有些矫揉造作"，但又不得不承认他是一位真正的理论创立者，"他的理论建立在历史分析的基础上，构成了一系列完整的概念及原则。有史以来第一次，他将真正的哲学思想融入战争之中……在他之前还没有人提出如此重要的概念：制海权，也没有人分析过海权在历史中所扮演的角色的重要性"。

除军事战略家的理论之外，卡斯泰还深入研究了大量海军历史学家的著作，《战略理论》第二卷就是一部以海军18世纪至20世纪初作战史为主要内容的篇章。1799年地中海的布鲁斯战役，1866年的利萨海战，尤其是德国人于1914至1916年间在南大西洋、北海、波罗的海的战役，充分反映了德国海军在第一次世界大战期间的作战思想。通过对上述战役的分析，卡斯泰得出法国海军之所以衰落，是因为它从来就不曾崛起过，外表的强大无法掩盖其内部的空虚。不可一世的路易十四谱写了法国历史的一段辉煌乐章，而此时的法国海军，在彭查特兰父子两代海军部长的影响下，仅满足于"拥有"，而不求发展，对海军战术及指挥问题的研究更是极少问津。这种消极的影响一直在延续，及至拿破仑于1805年制订出攻击英国计划时，这个貌似完美的计划，却由于受到维勒纳弗将军无能的指挥而遭到彻底失败。对历史的思考与总结，成为卡斯泰建立其战略理论的基础，如果从派别划分来看，他当属出身正统的历史学派。当然，由于其理论中又糅合了青年学派的观点，这使他长期无法被正统学派者所接受，而这也正是其理论所独到之处。

通过对历史及现实的分析，卡斯泰认为，制海权是一个国家尤其是海洋国家的立国之本，问题的关键在于如何获得制海权。马汉的制海权理论来源于陆上战争理论，卡斯泰同样对此进行了深入的研究，这其中，最具代表性的莫过于克劳塞维茨、若米尼的战略理论。克劳塞维茨根据战争目的的不同，将战争分为两大类，第一类战争的目的是要完全击败敌人，使其不再成为一个政治组织，另则迫使他接受任何条件；第二类战争的目的是获取领土，以保持征服成果，另则在和平谈判中用占领地区作为交易工具。若米尼也将选择作战的目标分为两大类：一、地理上的目的，以攻城略地为目的；二、毁灭性的目的，主要是把敌人的兵力击毁，或是使其溃不成军。上述战争目的被马汉运用到海战场上，并推导出海军战略的定义。马汉曾说："我们一方面承认海外战略点的重要，另一方面也承认作战任务在于争取有利位置。我们如为海军战略下一定义，就该是，在海战中，舰队乃是决定一切的关键。"在作战的目的上，马汉认为："海军作战的主要目标，为敌海军。因敌海军才是支持敌人战略点的唯一基础。因此，攻击敌海军乃是最有效最重要之攻势。假定一个强大的海军不去攻击敌舰队，而去攻击不要紧的港口，实为最可惜的事情。""作战的目的不是为了占领一个地理位置，而是消灭敌人有生战力，这在海洋上较之陆上更为明显。"基于此，可以得知，马汉认为海战的目的只有一个，那就是歼灭敌舰队。卡斯泰虽然接受上述理论，但对马汉的结论则提出了自己的观点，他认为，海军舰队的任务不能仅限于舰队决战，海战并不是一项孤立的行动，它还受到国家战略中经济运输、地理位置等因素的制约，由于已方舰队无法终日处于寻歼敌舰队的过程中，因此，对敌地理目标，如港口的袭击也能达成战略目的，此外，决战并不是海战的唯一模式，对敌海上交通线的攻击同样至关重要。

毫无疑问，卡斯泰属于批判型理论家，在接受他人理论观点时，他首先做的就是试图寻找对方的缺陷，并力求提出与众不同的观点。对于柯隆布的《海上战争》，他认为"虽然篇幅有些长，且对历史的总结实际上没有任何用处，但的确是一部非凡的战略著作"。非常奇怪的是，他认为科贝特是一位"比较平庸的战略家，理论缺乏可靠性"，科贝特的有限战争理论遭到卡斯泰的严肃批评。而事实上，卡斯泰的理论与科贝特的理论有着极大的相似之处。如在制海权的认识上，科贝特认为："所谓制海者，就是掌握海上交通线。"卡斯泰则认为："制海，就是对重要海上交通之控制，不论此交通线为军用抑或商用。"对于海军作战的目标，他们都认为首先要控制交通线，"这与陆上作战目标为征服其土地有着本质的不同"。没有资料表明卡斯泰接受了科贝特的理论，但两者之间存在相同之处却是不争的事实，而卡斯泰对科贝特的排斥也是显而易见的。之所以产生这种现象，也许是出于对科贝特的非军人身份的一种本能抵制，卡斯泰始终认为军事理论家必须来源于实践而不是闭门造车。

科贝特理论的继承者，英国人里奇蒙将军同样也没有得到他的好评。当《战略理论》第一卷出版时，里奇蒙正忙于《1739～1748年战争中的海军》一书的撰写。1933年，利用一次在巴黎开研讨会的机会，两位理论界的精英有了一次零距离接触。里奇蒙对卡斯泰给予了极高的评价，但这种评价并不对等。里奇蒙回到英国后，把自己的著作寄给卡斯泰，十分客气地请他提出建议。卡斯泰却不那么客气，在《战略理论》第一卷第二版卷首，他对里奇蒙的著作作出如下评价：主题是战略，总体来说除了文笔优美外，观点的表述颇为怪异。这实在难说是一种恭维话，卡斯泰这些略带刻薄的话语再一次流露出其性格中难与人接触的一面。事实上，两人除了在一些理论观点诸如潜艇的影响、航空兵的使用等存在看法不一致外，在海军兵力的使用方法上还是有着相当多的共同之处的。

殖民扩张——军事与政治的关系

殖民政策是法国对外政策的重要组成部分，19世纪后，七月王朝以及法兰西第二帝国将法国的殖民扩张推向了顶峰，先后在非洲、亚洲及美洲建立了三大殖民区域，这其中最主要的也是最重要的当属非洲区域。除个别领地外，整个西非及北非均为法属殖民地。法国利用她的殖民地建立了一个令人震惊的海外领土集团，这一集团也成了法国天然的后方基地。在法国统治集团内部，对殖民问题的看法，长久以来一直存在帝国派与大陆派之争，两派在维护法国殖民利益方面是一致的，但侧重点和做法有差异。前者把争夺海外霸权、开拓和维护殖民地放在首要地位；后一派则主张集中主要力量于本土和欧洲，以海外殖民地为依托，以称雄欧洲大陆为根本。应该说卡斯泰属于后者，但他表现得更为激进。1930年《战略理论》第三卷出版，其中，在"殖民扩张与海军战略"这一章节中，卡斯泰用了六十多页的篇幅对法兰西殖民帝国现状进行了系统分析，他不仅分析了不同地域殖民领地的地理状况，也对法国的政治、军事及经济能力进行了剖析，甚至还对法国的殖民政策进行了毫不留情的谴责。同时，他提出了自称为"外科手术"式的改革方案。

卡斯泰认为，法国对远东及美洲的殖民扩张已经超出法国的军事、经济能力，"1867年对印度支那的占领，清楚地表明法国的殖民扩张已到达数千里之外的亚洲"，然而，从马赛到西贡相隔7300英里，"那里已经表现出强烈的民族主义情绪，更有危险的日本人在虎视眈眈，尽管目前有法—日协议，但没人知道明天是何种外交结局"。为了保护处于土耳其人与阿拉伯人之间的叙利亚，法国不得不派出12000人的部队长期驻扎，"我们付出了高昂的代价"。为此，卡斯泰指出，"军事战略必须平衡军事与政治之间的关系……我们必须选择一个主要目标，一个基本空间，一个重要轴心，而它应处于殖民政策之首。如何选择？很显然，最接近大陆，最靠近核心部分，也就是说，我们的非洲区域。这种选择的优点是具有较短的海上交通，相对来说危险性较低。……必须将全部精力集中于所选择的主要目标上，放弃其他次要目标"。这里的主要目标指的是非洲殖民地，次要目标指的是亚洲及美洲殖民地，卡斯泰认为，放弃及交换次要殖民地可以带来双重优势：一方面，它将缩短过长的战线并能形成兵力的集中；另一方面，通过交换可以有效地消除一些外部势力对法属非洲沿海的侵入。他建议，用印度支那与英国交换尼日利亚；用西印度群岛与美国交换利比里亚；将太平洋的一些小岛赠予澳大利亚和新西兰，以换取塞拉利昂；用法属印度公司与英国换取冈比亚；将圭亚那卖给巴西；在叙利亚目前形势微妙的情形下，可以给予它解决独立性的要求，或者更好一些，将它送给意大利，以消耗后者的军力与财力。如此，法兰西帝国的地位将大大加强，他说："截肢手术是如此痛苦，但会让我们的灵魂更强大"，这就是他所谓的"外科手术"式改革方案。

应当说，这种激进的方案并不是卡斯泰所独创，雷克勒斯在 1904 年出版的《失之亚洲，得之非洲》一书中就曾首先提出过，该书在欧洲有很高的知名度，卡斯泰显然发展了其中一些观点。在海军内部，达流斯也曾提出过放弃西印度群岛的建议，但卡斯泰比他的老师走得更远。

这一改革方案并没有让卡斯泰得到赞誉，如同十年前华盛顿会议上引起的轰动事件一样，《战略理论》第三卷的发表使他再一次成为公众热议的焦点，他所提出的殖民改革方案，对大多数人来说不亚于一场风暴，众议院的一次民意调查显示，53%的受查者宣称他们敌视任何殖民地领土的转让，40%表示他们愿意为殖民地而牺牲，因此，可以毫不夸张地说，卡斯泰此时犯了众怒，而他的观点所造成的影响长久未能消除，人们自然而然地联想起华盛顿会议上的李—卡之争，认为他不过是在哗众取宠，更有人将他的名字与那些觊觎迪朗·维埃尔位置的人相提并论。

1939 年，卡斯泰开始为《战略理论》第三卷的再版做修订工作。他用了二十多页的篇幅为法国殖民政策问题作了补充说明，由于第二次世界大战已经爆发，第三卷的再版就此搁浅，这部分补充内容除在高级国防研究中心作过一次报告外，始终没能正式出版。

从报告中可以看出，这时的卡斯泰已对舆论发出了公开道歉，但却并不否认自己先前的观点。同十年前相比，法国所面临的形势已经发生了重大变化，卡斯泰指出，法国殖民政策的特点仍然是各自为政，需要和资源之间存在不平衡。日本军事力量的增强使得印度支那局势更加恶化，好在美国对西印度群岛的威胁正在消失，外国势力对非洲地区的介入也趋于缓解，英国、葡萄牙已成为法国的盟友，只有德国仍在多哥及喀麦隆等地与法国存在冲突，虽然这是较好的局面，但总体情况依然没有什么改变，他说："在我看来，放弃其他地区，只保留非洲将成为发展方向而不会改变。"

1945 年 5 月 9 日，德军最高统帅部代表凯尔特元帅等三名陆、海、空军将领，由代理元首、海军总司令邓尼茨授权到柏林城郊苏军总司令部，在苏、美、英、法四国代表面前签署了德国无条件投降书，第二次世界大战欧洲战场宣告战争结束。

已经回到维尔纳弗河畔老家的卡斯泰决定对《战略理论》第三卷再一次进行修订，第二次世界大战中出现的新情况、新问题成为他重点考虑的内容。总体来说，有关殖民问题的主要思想没有太大变化，只是更加突出了非洲的重要性。他认为非洲大陆永远是法国海外领土的最重要利益之所在，包含了诸多对法国极为有利的特点，如不存在地域上的分裂、能够快速形成相互支援的体系、与法国地理十分邻近，等等。这些特点显示出，一方面，当欧洲大陆发生战争时，非洲可以作为法国重要的后方物资提供基地；另一方面，也更为重要的是，非洲大陆可以作为欧洲战场的陆地延伸，从海上对敌发起有力的攻击，只要占据着非洲，就可以在苏、美两国争夺欧洲大陆的对抗中获取有利的战略地位。第二次世界大战中，戴高乐领导的自由法国运动正是由于在阿尔及尔建立了临时政府，并依靠广大殖民地的支持，才有了强大的基地，该基地成为自由法国运动人力、财力的重要来源。戴高乐也承认："我是依靠'法兰西帝国'的人力和财富来领导作战的"，后来出任法国参议院议长的加斯东·莫内维尔说得更清楚："若没有'法兰西帝国'，今天的法国只不过是一个被解放的国家而已，由于'法兰西帝国'的存在，法国才成了一个战胜国。"即使如此，卡斯泰仍坚持放弃美洲、亚洲等遥远的海外殖民地，他认为，战争已经表明，即使英国这样的海上强国，也无力经营其遥远的殖民帝国，这些殖民国家在战争中并没有对英国提供多大帮助。

1946 年 10 月 23 日，法国全民公投通过了新宪法，法兰西第四共和国成立。新宪法将法兰西帝国改名为法兰西联邦，提出法国与殖民地在权利与义务上相互平等。同时，法国在殖民问题上开始实施回缩政策，放弃了黎巴嫩与叙利亚，之后，承认了越南独立政权。卡斯泰在对这一做法感到释怀的同时，也意识到撤出上述地区是出于一种无奈的选择，而这种选择对法国政府来说又是一种耻辱的选择。法联邦的确立虽然加固了法国殖民地的稳定性，但也存在另一种危险，即来自美国、苏联的反殖民主义思潮。卡斯泰坚决认为，法国可以放弃除非洲外的任何海外殖民地，非洲则是一块不惜一切代价都必须保全的领土，他说："如果我们还想作为一个大国存在的话，卡萨布兰卡就应该视同马赛，而阿尔及尔应视同巴黎，否则，我们只能做一个小国最终从这个星球消失。在这个问题上，无论对敌人还是对友人，唯一的法则就是：我存在，我永存。"

　　在随后的几年里，卡斯泰见证了法联邦的变迁，法属非洲帝国终究无法摆脱解体的命运。具有讽刺意味的是，法国最终拾起了卡斯泰的理论，然而为时已晚。1930 年时，又有多少人能理解卡斯泰的观点？卡斯泰去世后，他所未曾发表的讲稿被整理成《战略理论》第六卷，最终呈现在世人面前。

骚动理论及历史观

　　卡斯泰在留给世人一部理论巨著的同时，也给世人留下巨大的遗憾。他到底拥有怎样的人格特征？其思想根源又如何？这一切只能从其著作中寻找答案。仔细研究卡斯泰的著作可以发现，其所有著作几乎都存在一个共同倾向，即白人至上论。这种倾向伴其一生并左右着他对现实世界的看法，他的世界观或者说他的历史观，来源于纯粹的现实主义国际关系概念。意识形态的概念在他的思想理论中并没有过多涉及，也就是说，对于国家，他谈论的是其政策，而不是政体。在卡斯泰看来，国家无论政体如何，其组成的最强大动因是对内的民族主义和对外的扩张主义，所有的强国都是通过寻求对外扩张而达成，其终究会发展成为帝国主义。他说："威斯特伐利亚条约的签订改变了欧洲政治力量对比，它曾使法国实力大增，法国现今的外交政策仍是遵循这一原则——对外实施强硬的殖民政策；与此相同的是，所谓共产主义的苏维埃执行的是旧沙皇政策，布尔什维克和东正教其实同属泛斯拉夫主义。从广义上说，上述情况均属国家帝国主义。国内政治是一回事，外交政策则是另一回事。"

马克思主义者认为，意识形态是指社会中的统治阶级对所有社会成员提出的一组观念，其所关注的重点是如何划分权力，以及这些权力应该被运用在哪些目的上。而卡斯泰对此的理解是：意识形态只是提供了一个精神上的作用，这一作用常常是统治者的一种蒙蔽手段，与宗教一样，意识形态需要国家政策的支持，同时，也反作用于国家政策。当发生冲突时，意识形态则表现为国家意志。1939 年的苏德条约，正是两个不同意识形态国家间共同意志的体现。

卡斯泰的历史观可以说是严重低估了意识形态所起的作用，共产主义，无论被称作乌托邦还是全人类的意愿，其在苏联的成功都足以说明其所具有的独创性一面。国家间的战争以及国家内部的冲突，既有国际关系矛盾也有种族地缘矛盾，更有意识形态间的矛盾，而卡斯泰对这一问题的片面理解导致《战略理论》一书的思想根基建立在一种二元论的基础上。他认为，国家间力量对决的本质就是侵略与被侵略，正是这一过程导致人类纷争不断，这就是其著名的骚动理论。

卡斯泰认为，几乎在所有的历史进程中，总是存在着骚乱者，存在着一个国家得到充分发展并渴望在所有领域拥有权力，此类骚乱者其力量来源于国民数量上的优势及国家资源的优势。当它的力量足够强大时，首先表现出的就是对邻国的入侵。有两种类型的骚乱者，"规矩的"和"不规矩的"。"规矩的"骚乱者，尽管也希望拥有外部权力，但总体来说保持其内部社会体制的完整性是其主要目的，这种骚乱者认为外部的影响是有限的，其代表如法国的路易十四。而"不规矩的"骚乱者，由于社会内部结构被各种政治及社会因素所打乱，它所表现出来的是一种完全不同的症状，如法国大革命、德国的纳粹等等，其目的总体来说是对外部权力的狂热追求。无论是"规矩"还是"不规矩"的骚乱者，都有一个恒定的特点：带有狂热而神秘的国家帝国主义色彩，并终将导致军国主义的出现。

与骚乱者的抗争从来就没有停止过，因为一个骚乱者被打倒，另一个又会出现，在这些骚乱者之间，"如同换班一样，重新建立的平衡是短暂和不稳定的"。黎塞留与马扎然时期的法国，面对西班牙与英国的霸权野心，曾经很好地平衡了与欧洲各国之间的关系。路易十四的野心打破了这种平衡，随后的法国大革命及拿破仑帝国使法国走向了力量的顶峰。然而 1815 年的战争导致这一帝国的最终崩溃，随后，德国取代法国，开始问鼎欧洲霸主地位。1918 年的结果虽然终止了德国人前进的步伐，但骚动的本性使他们并不甘心自身的结局，20 年之后的卷土重来则再次证明其最终的失败。

以卡斯泰的视野来看，查理五世的统治、路易十四王朝以及拿破仑帝国并不是欧洲历史的繁荣期，恰恰相反，查理五世、路易十四、拿破仑以及 1914 年的德国，这些在欧洲近代史上占据重要席位的统治者更迭出现的间隙才是欧洲真正意义上的黄金时代。骚乱者越是强大，其毁灭后所遗留的更迭期就越长。骚乱者从某种角度来说其实也是一种新生力量的代表，那么，当这种新生力量处于萌芽阶段时，是反对它还是任其发展？无论是反对还是纵容，其结果都有可能造成社会的巨大动荡，"最佳的方案似乎总在遥远的某处"。这一问题的思考尽管已经超出了纯粹的军事战略范畴，但它却反映出卡斯泰内心深处矛盾性的思维组合。一方面，他追求"和平的生活与工作"，"我们在这个短暂的世界里只能享受为数不多的欢乐与安静"；另一方面，他又无法摆脱强权国家的巨大诱惑。这种矛盾的思维组合不仅体现在《战略综述》《从成吉思汗到斯大林——战略行动的变迁》《战略理论》等著作中，也体现在他的现实世界里。对于战争，不论是第一次世界大战还是第二次世界大战，他表现出的不仅是积极甚至有些狂热。他似乎在寻求一种平衡，一种可以接受的"平衡骚动"。

虽然骚动理论在《战略理论》一书中并不占主要篇幅，然而它却使卡斯泰成为那个时期偏见思想的典型代表。这种偏见带有明显的种族主义倾向，而所有这一切都与卡斯泰早年海上航行的经历有着或多或少的联系，他的思维观代表着20世纪初欧洲人的普遍观点，也浸透着种族主义理论。今天，种族的概念已经出现了很大的模糊性，而在卡斯泰所处的时代，种族一词的内涵远比我们今天所理解的要狭隘，种族不仅是物种群落，还包含地理及文化特征，在人种自然特性、人群的地理特性及民族的文化特性之间有着严格的定义区分。卡斯泰完全接受了这一极端的概念，即便他说到黄种人与白种人的对抗，其实他更想要表达的是欧亚对抗或者说是地理、历史上的东西方对抗，骚动理论所要表达的中心思想其实是欧洲民族与非欧洲民族间的抗衡，他最大的担忧之处在于，欧洲国家间内部的争斗将会使欧洲整体衰落导致欧洲之外的骚乱者成为最终的胜利者。

仔细研究卡斯泰的成长历程，可以看出，在其人生价值观形成的重要时期，恰逢人类进入20世纪初期，不断出现的资产阶级民族民主运动，前所未有地将欧洲各国广大社会阶层卷入了社会政治斗争的旋涡，各种思想、各种主义如雨后春笋般地涌现，这其中，奥地利社会学家龚普洛维奇无疑是主要代表人物之一。龚普洛维奇将社会看作相互之间为争夺统治地位而无情斗争的各群体的总和，他用历史上各个时期由壮大、完善直至衰亡、崩溃的过程，来解释群体和社会的演化过程，并试图以彼此冲突的群体间的相互作用来理解社会演进，他认为，各种社会群体之间连绵不断和残酷无情的斗争构成了社会生活的主要因素，文明发展的历史就是各种不同群体之间永无休止的斗争。很明显，卡斯泰的骚动论与龚普洛维奇的冲突论有着极其相似的论述过程。与所有同时代的欧洲人一样，卡斯泰也深信白种人的优越性，只有白种人才是物种的首领，人类前进方向的引导者。他说："我相信我的全部思想都在扮演着西方文明与宗教传播者的角色。西方中心论不会消亡，尽管凯萨林和斯潘格勒都曾悲观地预测过这一中心论的消亡，但它一定不会灭亡，因为它的消失，将会对全世界特别是欧洲的思想领域产生毁灭性的灾难。"

东西方之间的对抗可以追溯到更古老时期，并一直在不断延续着，公元前480年希波战争中的萨拉米湾战役阻止了亚洲人的进攻，并消除了其控制海洋及从海上入侵的能力。而亚克兴战役则确保了罗马帝国的统一，避免了欧洲被东方人并吞的危险。这之后，普瓦提战役再次阻止了以阿拉伯人为主体的东亚人如浪潮般对欧洲的大举入侵。16世纪，东方人再次侵入西方，对君士坦丁堡的夺取，意味着其进攻的危险同时来自海上和陆地……基督教国家陷入了极大的痛苦之中。1571年的勒旁特海战彻底阻止了来自东方的威胁，"这是一个对文明及道德来说都值得纪念的伟大历史时刻，从此，欧洲人可以说完全压制、征服了亚洲人"。正是在这种历史大背景下，西方中心优势论得到极度膨胀，英国作家吉卜林带有明显煽动性的作品更是对这一论述起到了推波助澜的作用。

然而，西方中心优势论却不断受到历史进程的冲击。对卡斯泰来说，20 世纪最大的变革不是 1917 年的俄罗斯革命，而是 1905 年的日俄战争。这场发生在遥远东方的欧亚对抗，使得欧洲人自勒旁特海战之后的三个多世纪以来，第一次惨败在亚洲人面前。他说："我们已经看到某一时期特别是在某一关键时期，都会出现由野蛮的非洲或亚洲人发起的颠覆白种人世界或西方世界的企图。作为优等民族、人类的领导者，我们应该而且必须中止这一欲吞没所有文明和进步的威胁，世界必须恢复它的本来面貌。"

可以说卡斯泰的整个生命过程都在固执地忠于上述思维模式，而这一切又构成其著作理论的基本出发点。日俄战争的结局让他认识到，亚洲民族似乎正在崛起，种族优势的本能促使他发出了维护其自身利益的呐喊，在《黄白对抗》一书中，他写道："从西藏到北京，从广东到蒙古，数以百万计的生命都能感觉到黄白交战炮火所带来的巨大战栗声，刻骨的仇恨让他们一致对抗来自欧洲的野蛮人，种群数量唤起了他们意识的觉醒，而聚集在天皇盾牌下的日本人，却开始觊觎欧洲人的领地。"需要指出的是，卡斯泰在这本书中将欧洲人对亚洲的入侵看作是为了"出面停调黄种人的自相残杀"，欧洲人扮演的是救世主的角色。然而，日俄战争打破了欧洲人的梦想，救世主的地位受到前所未有的挑战。因欧洲内部骚动而产生的第一次世界大战消耗了欧洲的军事及经济能力，第二次世界大战则彻底解除了欧洲人的世界主导权，卡斯泰对此的忧心，正是其《战略理论》一书的最终目的。

附 录

年 谱

1878 年 10 月 27 日　卡斯泰生于圣奥梅尔。

1895 年 8 月　高中毕业，报考海军学校未果。

1896 年 10 月至 1898 年 7 月　在海军学校学习。

1898 年 8 月 1 日　被任命为海军二级准尉。

1898 年 7 月至 1900 年 7 月　在海军学校战列舰"依菲热尼"号服役。

1899 年 10 月 5 日　被任命为海军一级准尉。

1900 年 7 月　参加对中国作战任务。

1900 年 7 月至 11 月　在战列舰"布赫努斯"号服役。

1900 年 11 月至 1901 年 3 月　在邮轮"喀哈瓦内"号服役。

1901 年 3 月至 1902 年 1 月　在战列巡洋舰"夏赫勒玛赫戴勒"号服役。

1901 年 10 月 5 日　被任命为海军中尉。

1902 年 1 月至 1903 年 7 月　在护卫舰"梅花雀"号服役。

1903 年 7 月至 1905 年 4 月　在第五海军军区任参谋官。

1907 年 4 月至 1909 年 10 月　在海军部长办公室任参谋副官。

1907 年 7 月 25 日　被任命为海军上尉。

1909 年 10 月至 1911 年 3 月　布雷斯特鱼雷学校教官。

1911 年 3 月至 12 月　炮兵军官学校教官。

1911 年 12 月至 1912 年 4 月　在战列舰"波图奥"号服役。

1912 年 4 月至 1913 年 6 月　在战列舰"贡德赫赛"号服役。

1913 年 6 月至 1914 年 8 月　在海军部长办公室任助理。

1914 年 8 月至 1915 年 5 月　在装甲舰"当东"号服役。

1914 年 8 月　参加第一次世界大战。

1915 年 5 月至 1916 年 1 月　在战死舰"贡德赫赛"号服役。

1916 年 1 月至 8 月　远东联合舰队司令部参谋。

1916 年 8 月至 1917 年 8 月　任"牛郎星"号舰长。

1917 年 7 月 1 日　被任命为海军少校。

1917 年 8 月至 1918 年 8 月　任海军部长副官。

1918 年 7 月 10 日　被任命为海军中校。

1919 年 9 月至 1921 年 7 月　海军历史研究部主任。

1921 年 7 月至 1923 年 5 月　海军地中海第三分舰队参谋长。

1923 年 5 月 15 日　被任命为海军上校。

1923 年 12 月至 1925 年 12 月　"让·巴赫"号战列舰舰长。

1926 年 1 月至 9 月　海卫第三副参谋长。

1926 年 9 月至 1928 年 9 月　在海军战争学校任教。

1928 年 8 月 25 日　被任命为海军准将。

1928 年 8 月至 1929 年 2 月　海军马赛舰队司令。

1929 年 3 月至 1930 年 4 月　海军第一副参谋长。

1930 年 4 月至 1932 年 4 月　地中海舰队舰艇训练中心主任。

1932 年 4 月至 1932 年 11 月　土伦海军分区司令。

1932 年 11 月至 1935 年 10 月　海军战争学校校长。

1934 年 11 月 1 日　被任命为海军少将。

1935 年 10 月至 1936 年 9 月　海军第二军区司令长官。

1936 年 9 月至 1939 年 4 月　高级国防学院院长、海军战争学校校长。

1937 年 5 月 11 日　被任命为海军高级委员会成员并晋升为海军上将。

1938 年 8 月至 1939 年 8 月　海军监察长。

1939 年 8 月至 11 月　北方舰队司令。

1939 年 11 月　退役。

1968 年 1 月 10 日　逝世于维尔纳弗。

主要著作

1.《印度支那沿岸——经济与海洋研究》，1904 年。

2.《危险的日本人与印度支那——政治与军事的思考》，1904 年。

3.《黄白对抗——印度支那之军事问题》，1905 年。

4.《海军参谋部》，1909 年。

5.《18 世纪海军军事思想》，1912 年。

6.《游击战的另一面》，1912 年。

7.《布拉亚军事行动》，1913 年。

8.《勒旁特战役及其现实意义》，1913 年。

9.《海上联合打击力量》，1914 年。

10.《潜艇战之总结》，1920 年。

11.《参谋部之若干问题》 共两卷，1923～1924 年。

12.《战略理论》 第一版共五卷，1929～1935 年。

13.《从成吉思汗到斯大林——战略行动的变迁》，1936 年。

14.《战略综述》，1976 年。